中国企业跨境并购法律实务

郭芳　吴云轩——著

北京大学出版社
PEKING UNIVERSITY PRESS

图书在版编目(CIP)数据

中国企业跨境并购法律实务 / 郭芳，吴云轩著. —北京：北京大学出版社，2023.9
ISBN 978-7-301-34374-6

Ⅰ.①中… Ⅱ.①郭… ②吴… Ⅲ.①跨国公司—企业兼并—企业法—研究—中国 Ⅳ.①D922.291.924

中国国家版本馆 CIP 数据核字(2023)第 160765 号

书　　　名	中国企业跨境并购法律实务 ZHONGGUO QIYE KUAJING BINGGOU FALÜ SHIWU
著作责任者	郭　芳　吴云轩　著
责任编辑	陈晓洁
标准书号	ISBN 978-7-301-34374-6
出版发行	北京大学出版社
地　　　址	北京市海淀区成府路 205 号　100871
网　　　址	http://www.pup.cn　http://www.yandayuanzhao.com
电子邮箱	编辑部 yandayuanzhao@pup.cn 总编室 zpup@pup.cn
新浪微博	@北京大学出版社　@北大出版社燕大元照法律图书
电　　　话	邮购部 010-62752015　发行部 010-62750672 编辑部 010-62117788
印　刷　者	三河市博文印刷有限公司
经　销　者	新华书店
	880 毫米×1230 毫米　A5　7 印张　156 千字 2023 年 9 月第 1 版　2023 年 9 月第 1 次印刷
定　　　价	49.00 元

未经许可，不得以任何方式复制或抄袭本书之部分或全部内容。
版权所有，侵权必究
举报电话：010-62752024　电子邮箱：fd@pup.cn
图书如有印装质量问题，请与出版部联系，电话：010-62756370

行远自迩，笃行不怠
（序一）

郭芳律师的新书《中国企业跨境并购法律实务》就要出版了。她撰写本书，致力于厘清跨境并购的复杂流程，为读者展现一份概念清晰、逻辑严谨的跨境并购业务指南，立意可嘉。

当今全球化时代，企业已不再局限于国界之内。跨境并购作为一种重要的企业发展战略，不仅在国际经济发展中扮演着非常重要的角色，也在不断塑造着全球商业格局。然而，跨境并购的道路并非坦途，特别是当前面临百年未有之大变局，我国企业跨境并购"走出去"的过程中充满了复杂性与挑战。因此，在这个充满机遇与挑战的领域，高效务实的法律服务显得尤为重要。郭芳律师新书的出版，恰逢其时。

郭芳律师深耕境内外投资与并购、商事非诉与争端解决业务，担任中华全国律师协会涉外法律服务专业委员会委员、浙江省律师协会国际投资与"一带一路"专业委员会主任，是中华全国律师协会涉外律师领军人才库成员，拥有丰富的跨境并购实践经验。她看跨境并购，是从更加务实和综合的视角出发的，本书是她从业多年思考和实践的结晶，她对于中国法律体系和国际业务实践的熟稔，也为本书增添了独特的价值。

跨境并购的复杂性不仅基于各国法律体系的差异，还涉及文化、语言、商业习惯等多方面的因素。本书不仅针对这些因素为读者提供了全面而具体的应对策略，也对跨境并购的流程、交易架构的设计、并购中的重要文件、政府监管和审批等方面结合实例作了详尽的说明。无论是想要了解跨境并购的基本概念，还是希望深入探讨其中的法律细节；无论是在尽职调查阶段，还是在合同谈判阶段；无论是合规管理，还是风险防范，本书都提供了宝贵的实务建议，能够帮助我国企业在跨境并购中踏出坚实的步伐。

　　郭芳律师请我为本书作序时，我曾鼓励她："行远自迩，笃行不息。"在此，也与读者朋友共勉。我希望并且相信，致力于"走出去"的中国企业和想要从事相关业务的律师同仁，一定能够从这本书中有所收获，并在跨境并购业务研究与实践中取得新发展。

　　是为序。

高子程

中华全国律师协会会长

2023 年 8 月 29 日

序 二

在我看来,这是一本值得推荐的法律书。

作者作为从事跨境并购业务多年的律师,结合自己的实务经验,详细地论述了在跨境并购过程中应当注意的相关事项。对于"走出去"的中国企业而言,本书能够使这些企业了解跨境并购的基本流程、可能涉及的交易架构、并购过程中面临的风险等内容,从而使企业在面临跨境并购的机会时能够从容应对,取得交易的成功。对于从事跨境并购业务的实务工作者而言,本书也值得学习借鉴。

习近平总书记指出:"中国走向世界,以负责任大国参与国际事务,必须善于运用法治。"坚持统筹推进国内法治和涉外法治是习近平法治思想的重要内容。前不久,司法部召开律师工作座谈会,贺荣部长也专门提出,要在发展涉外法律服务等方面采取硬实举措。当前,在国际政治经济形势发生深刻变化的态势下,中国企业"走出去"迫切需要法律服务的跟进。

跨境并购涉及所在国家和地区的市场准入、环境保护、劳工制度、税收政策、知识产权以及反垄断、反补贴、反洗钱等一系列法律层面的问题,这些都需要涉外律师提供域外法律查明、尽职调查、营商环境评估、争议解决救济等专业服务,通过专业力量,筑牢企业涉外投资贸易、跨境并购法律风险的"防火墙"。而本书在这些方面都有所涉猎,特别是对跨境并购交易架构的设计,国内监管与政府审批,与境外律师、出卖方、目标公司的沟通等方面均作了详尽的描述和实例说明,对"走出去"企业和从事涉外法律服务的从业者都会有所帮助。

本书深入介绍了跨境并购业务的规范与实践,并就跨境并购过程中的相关问题提供了应对策略,能够为有志于从事跨境并购业务的涉外律师提供指引,使这些律师能够不断在实践中提升自己的涉外法律服务能力,更好地为中国企业提供优质服务,从而推动中国涉外法律服务不断发展。

最后,我衷心祝贺本书顺利出版。

陈三联

浙江省律师协会专职副会长

2023 年 8 月 29 日

序 三

在现代企业发展之路上,并购需求是自然而生的。横向并购扩大企业的市场占有率,纵向并购延伸企业的产业链,跨界并购促进企业的转型升级,跨境并购实现企业的国际化。毫无疑问,并购是企业做强做大、提升竞争力的重要手段,也是有效整合资源、助推经济高质量发展的重要载体。

由于受地缘政治和疫情的双重影响,近年来,我国跨境并购的交易数量和交易金额处于历史低位。2021年,中国企业跨境并购金额为570亿美元,2022年共发生跨境并购846起,交易金额399亿美元,交易金额比上一年下降了30%。在国际环境深刻变化的今天,中国企业跨境并购发生了许多新的变化,遇到了前所未有的新情况,可以说是机遇与挑战并存。就机遇而言,中国政府继续实施全方位对外开放政策,鼓励中国企业"走出去",中国企业通过海外并购获得境外优质品牌、渠道、客户及技术的动力仍然强劲,"一带一路"倡议的深入实施也为中国企业"走出去"投资并购提供了广阔的舞台。同时,中国企业在海外并购方面也积累了越来越多的经验,综合并购能力也在不断提升,再加上全球经济放缓,各类资产的估值经历了一波下降,为中国企业利用合适价格收购提供了较好的机会。就挑战而言,整体监管趋严,中国企业开展跨境并购交易须遵守的合法合规要求上升到了新的高度,国家安全审查、反垄断审查方面,美国、英国、加拿大等国及欧盟层层加码,审批的时间拉长及结果的不确定性大幅上升,半导体、人工智能、大数据等高科技行业跨境并购遭受限制。面临这样的态势,中国企业跨境并购的投资区域、行业分布预计也会出现新的变化。

相较于绿地投资,跨境并购面对的经济关系和法律关系更加复杂,它涉及对已有企业的调查和了解、交易架构的设计和实施、标的企业管理团队和员工的选择和使用、收购企业与被收购企业的理念和文化的融合等。在当前全球政治与经济发展不稳定的大环境下,跨境并购除经济因素、法律因素之外,又掺杂了政治因素、国家安全因素,因此,跨境并购风险进一步增大,并购失败的案例也为数不少。在这样的态势下,中国企业在跨境并购过程中应当秉持合理、谨慎原则,进一步提高法律意识和风险意识。要充分利用外部专业顾问的知识和经验为跨境并购把关,避免并购交易的风险和失败,通过跨境并购实现企业发展的战略目标,成为企业高质量发展、高水平跨越的成功一着。

郭芳律师是中华全国律师协会涉外律师领军人才库成员,是浙江省律师协会国际投资与"一带一路"专业委员会主任,擅长境内外投资与并购业务,在跨境并购领域积累了丰富的实践经验。她所著的《中国企业跨境并购法律实务》一书,从跨境并购的现状、特征出发,就跨境并购的风险与应对、专业机构的聘请、交易流程、尽职调查、保密协议、收购协议要点、分手费、交易架构、监管要求、政府审批等涉及跨境交易的主要法律问题作了系统的阐述,既有她对跨境并购的深刻理解,又有她对跨境并购实践经验的总结和提炼,对当前中国企业"走出去"跨境并购具有较强的针对性和指导性。相信读者一定会从本书中获得启迪。

章靖忠
第九届中华全国律师协会副会长
浙江天册律师事务所主任
2023 年 8 月 30 日

前　言

最初筹备撰写这本书是在去年夏末，经历了近一年和吴云轩律师的辛苦写作之后，本书初稿最终得以顺利完成。写书的过程，让我有机会静心总结多年执业实践经验，进一步巩固和充实自身掌握的跨境并购领域知识，看似虽苦，实则拥有无尽乐趣。

回望十余载律师执业路，曾经懵懂求索，孜孜努力，忙碌奔波，像一部青春奋斗剧，但更是平凡的个人成长史。这十余年，有过执业初期的青涩迷茫，有过敢揽日月的豪情万丈，有过自我泪目的痛楚不堪，也有过成就自我的收获快感，但最萦绕心间的永远是追求律师执业过程中的那份匠心精神！著名书画家林曦老师曾说："匠心是什么？就是把自己列为资质平平的一个人，应该做的努力每一步都做到……"

作为一名涉外商事律师，过去在国际业务上摸爬滚打经手的每一个项目、每一次帮客户解决问题的过程都历历在目，回头就能看到自己在涉外法律服务这条道路上踽踽前行的足迹。

我于2008年加入律师队伍，到2011年的时候，内心从事国际业务的种子开始萌芽。当时，我白天要处理各种国内业务，晚上还要上美国课程，下课到家还得为第二天的课程做大量的预习工作，考试不断，每天大概只有四五个小时的睡眠时间。2012

年被公派到美国做访问学者并在律所实习时,我抓住一切机会不断充实自己,基本处于超负荷运转状态,极度疲惫,极度辛苦。回国后,肩负律所国际业务部主任一职,一心想着如何从服务"走进来"的外商投资项目发展为服务"走出去"的境外投资项目。于是,潜心开发了涉外法律服务产品并应用于实践,承办的美国壹号公馆项目入选了中华全国律师协会典型案例。2015年,作为中华全国律师协会首批涉外律师领军人才库成员,我再次被公派到美国做访问学者和律所实习。回国之后办理了收购印尼某上市公司股权、收购美国某演艺公司控制权、古巴燃油电站工程建设等一系列涉外项目和案件,于2020年起担任浙江省律师协会国际投资与"一带一路"专业委员会主任一职,这更加坚定了我为中国企业"走出去"做好服务、搭好舞台的决心。

还记得我办理的第一个境外投资项目,是客户想在美国收购土地进行公寓类开发,我与美国律师朋友沟通后,在细节上总觉得项目有瑕疵,因此力排众议,强烈建议客户要做尽职调查,然后再决定是否投资。结果尽职调查显示这块土地有河水倒灌、石油污染问题,设想如果收购后再建成公寓,势必会引发大规模的赔偿纠纷。最终,客户没有继续投资,也非常感谢我为他们及时止损。

我还记得,第一次陪同客户去纽约考察项目是2014年1月,刚下飞机就遇到纽约118年来最低气温——零下15度。但考察项目的时间表已经确定,4天5个项目,纽约和中国的时差正好12个小时,于是,纽约的尽职调查结束,杭州的工作开启,连续4天24小时的工作节奏,我以为只是偶尔,但事实证明,这只是一个开始。经过2个多月的多次飞行、现场考察、商务谈判、尽职调查等多个环节,作为"总协调人"的我,协助客户把握整个项目的交易安排,甄选境外律所,为客户解释中西法律文化差异、商业习惯和交易惯例的不同,提供全方位、一站式的法律服务,最终,客户成功收购到心仪的土地,并于2016年正式建成销售。同时,在威斯康星州、得克萨斯州、田纳西州等地先后完成多个项目,并协助客户在华尔街成立了公司总部,被《华尔街日报》报道。

  在过去的这些从业经历中,我深刻认识到跨境并购领域,特别是中国企业想要"走出去"面临的挑战与机遇。这是一个充满竞争与变革的领域,不仅需要我们不断学习和创新理论知识,更需要我们掌握实际操作的全面技能。而在我一开始接触跨境并购这一业务的时候,中国企业的海外并购大浪潮才刚刚掀起,系统性的并购实务指导书籍并不多,许多第一次"走出去"的企业对境外投资缺乏了解,很多想要进入这一领域的工作者也常常因为跨境并购流程和交易文件相对陌生、政府监管和审批较为复杂而不知从何下手。因此,本书包含了我在跨境并购领域深耕多年的一些心得和体会,我也分享了许多实际案例和经验,希望能够通过本书,使有意向进行海外并购的境内投资者对于跨境并购的相关基础知识以及并购过程中的注意事项有初步了解,从而协助他们更加顺利地开展跨境并购业务。同时,我也希望通过本书为有志于从事跨境并购业务的境内涉外律师提供一定的借鉴。

  随着疫情的逐步结束以及"一带一路"倡议的不断推进,境内投资者的跨境并购又将迎来一个全新的发展阶段,我坚信,中国企业的国际化步伐将会更加坚定。在这一过程中,境内涉外律师扮演着重要且不可或缺的角色。首先,我们熟悉中国法律体系和商业环境,能够为企业提供深入的法律咨询和实务指导。其次,我们更了解企业文化和国内经营情况,能够协助企业在海外市场中保持一致性和稳定性,在尽职调查阶段,我们可以协助企业识别并评估潜在风险,为决策提供关键信息;同时,我们还可以协助企业与当地政府和业务合作伙伴进行沟通,甄选并协调多国律师,促进合作关系的建立。因此,作为中国境内的涉外律师,在中国企业跨境并购的过程中,我们不仅是法律顾问,更是战略伙伴,能够为企业成功拓展国际市场提供有力支持。我相信,境内涉外律师可以通过法律服务积极参与国际商事交易,引导中国与世界各地法律界、商界、政界和非政府机构的交流与合作,创造更合理、更自由、更公平的国际经济新秩序,更好地服务中外经济活动,促进中国经济的不断发展。

在本书出版之际,我想衷心感谢那些一直陪伴在我身边的人,无论是在本书的写作过程中,还是在我的职业生涯里,抑或我人生的行进奋斗路程上,是他们给予我的支持和帮助,带我走到了这里。

感谢我的团队成员,每一个跨境并购业务都会涉及复杂的交易流程,包括开展尽职调查、搭建交易架构、签署交易文本等,这些交易流程的推进都离不开团队成员的共同努力。正是在团队成员的协助下,每一个跨境并购业务才能够顺利推进,给了我总结实践经验的机会。

感谢我的客户,客户的信任开启了我做国际业务的大门,给了我实践的机会,每一次合作于我而言都是一次独特的学习和成长机会,让我更加深入地理解国内企业在跨境并购领域的业务需求和面临的挑战,也促成了这本书的问世。

感谢我的律所,是律所提供的优质平台,让我获得了更多为境内投资者提供跨境并购法律服务的机会,并基于从这些跨境并购业务中获得的经验完成了本书的写作。

感谢我的同事和合作伙伴,他们为我提供了许多有益的思路,也对本书的内容提出了许多重要的修改意见,是与他们的合作和交流,丰富了我关于书籍写作的思想和见解。

感谢我的导师,在法学求学之路和法律实务的执业道路上,是他们的指导和鼓励,让我在法律领域持续成长。

我还要感谢我的家人,他们无条件的爱和支持、理解,让我可以在执业道路上坚持下去,也让我能够心无旁骛地投入到这本书的写作中。

知书籍之多,而吾所见者寡,则不敢以一得自喜;知世事之多变,而吾所办者少,则不敢以功名自矜。本书的写作促使我不断回顾、不断总结、不断学习、不断创新,让我在这个洪流涌动、挑战和机遇并行的时代能更有信心地展望未来,在涉外法律服务的道路上求索而行。同时,我也希望它能够为各位读者带来帮助和启发,更希望通过这本书,能够与更多的读者、同行、学者交流探讨,以书会友,不亦乐乎。

郭 芳
2023 年夏于杭州

目 录

第一章 境内投资者跨境并购的现状与特征 ……… 001
  一、境内投资者跨境并购的现状 ……………… 001
  二、境内投资者跨境并购的特征 ……………… 003

第二章 跨境并购概述 …………………………… 005
  一、跨境并购的概念 …………………………… 005
  二、跨境并购的类型 …………………………… 006
  三、跨境并购的三种基本模式 ………………… 006

第三章 跨境并购的风险及应对策略 …………… 008
  一、跨境并购的风险 …………………………… 008
  二、应对跨境并购风险的策略 ………………… 020

第四章 跨境并购中介机构的聘请 ……………… 027
  一、跨境并购团队的构成 ……………………… 027
  二、聘用协议 …………………………………… 034

第五章 跨境并购的交易流程 …………………… 042
  一、概述 ………………………………………… 042
  二、各交易流程的注意事项 …………………… 044

第六章 跨境并购中的法律尽职调查 …………… 049

一、尽职调查的目的 ………………………………… 049

二、尽职调查的范围 ………………………………… 052

三、尽职调查的流程 ………………………………… 066

四、尽职调查的方法 ………………………………… 067

五、尽职调查的注意事项 …………………………… 070

第七章 跨境并购中的保密协议及其要点 …………… 073

一、保密协议的基本概念 …………………………… 073

二、保密协议的主要条款 …………………………… 074

三、关于保密管理工作 ……………………………… 083

第八章 跨境并购中的意向书及其要点 ……………… 085

一、意向书的基本概念及特征 ……………………… 085

二、意向书的价值 …………………………………… 086

三、签署意向书的流程 ……………………………… 087

四、意向书的主要内容 ……………………………… 088

五、签署意向书过程中的要点 ……………………… 095

第九章 跨境并购中的收购协议及其要点 …………… 097

一、收购协议的基本概念 …………………………… 097

二、收购协议的主要条款 …………………………… 098

第十章 跨境并购中的股东协议及其要点 …………… 126

一、概述 ……………………………………………… 126

二、股东协议中的主要条款 ………………………… 127

第十一章 跨境并购中的分手费与反向分手费 ……… 144

一、分手费及其触发情形 …………………………… 144

二、反向分手费及其触发情形 …………………………… 146

三、分手费和反向分手费的谈判要点 …………………… 148

第十二章　SPV与跨境并购的交易架构 …………………… 152

一、SPV的基本概念 ……………………………………… 152

二、设计交易架构的原因 ………………………………… 152

三、交易架构的结构及搭建交易架构的考量因素 ……… 155

第十三章　跨境并购的国内监管制度要求 ………………… 159

一、国家发展改革委的监管 ……………………………… 159

二、商务部门的监管 ……………………………………… 165

三、外管部门的监管 ……………………………………… 168

四、针对国有企业的监管 ………………………………… 170

第十四章　跨境并购中的政府审批 ………………………… 172

一、反垄断审批 …………………………………………… 172

二、国家安全审查 ………………………………………… 192

第一章

境内投资者跨境并购的现状与特征

一、境内投资者跨境并购的现状

(一) 总体规模有所下降

截至2022年,境内投资者跨境并购相对于2021年整体有所下降。2022年共发生跨境并购交易846笔,交易金额399亿美元,交易金额比上一年下降了30%。[①] 2022年,新冠肺炎疫情仍然持续,这是导致2022年跨境并购规模有所下降的重要因素。2023年,随着国内疫情防控政策的放开,境内投资者的跨境并购交易可能会迎来复苏。

(二) 私募基金和投资公司在境内投资者跨境并购交易中占据重要地位

在2021年前三季度宣布的5亿美元以上的交易中,私募基金和投资公司主导的交易,并购金额占比近五成,交易笔数占比超过四成。我国这一跨境并购指标,甚至超过了全球并购交易私

---

① 参见《2022年跨境并购和国际银团市场回顾和展望》,载https://news.goalfore.cn/topstories/detail/37429.html,访问日期:2023年3月12日。

募基金和投资公司30%的比例,说明我国私募基金和投资公司在并购中对境外标的给予了更高的重视。如2021年荷兰皇家飞利浦宣布和中国投资公司高瓴资本签署协议,达成家用电器业务出售交易。该交易加上授权协议,总金额约为44亿欧元。①

(三)亚洲、欧洲和北美成为境内投资者跨境并购投资的重要目的地

尽管在中美经贸摩擦下,境内投资者对美并购投资受到一定影响,但后者仍是境内投资者投资最多的目的地之一。尽管一部分西方发达国家加强了对境内投资者跨境投资并购的监管审查,但境内投资者在全球并购交易市场活跃度排在前三的北美、欧洲和亚太地区并未缺席。②

(四)高端制造、数字技术应用、新能源等行业成为境内投资者跨境并购的重要行业

从标的行业分布看,以高端制造、数字技术应用、大健康等为代表的新兴行业仍是2022年跨境并购的热点。此外,"碳达峰、碳中和"目标和路线图的明确也使得新能源成为未来境内投资者跨境并购的一个重点领域。在跨境并购的热门标的行业中,医疗健康和能源矿产行业交易规模同比增长速度较快,一方面体现了疫情背景下境内投资者日益增强的对海外优质医疗健

---

① 参见张伟华:《2021年跨境并购重回巅峰》,载《中国外汇》2021年第24期,第25页。

② 参见张伟华:《2021年跨境并购重回巅峰》,载《中国外汇》2021年第24期,第25页。

康资产的需求,另一方面也反映出在落实"碳达峰、碳中和"的背景下,境内投资者出海收购铜、锂、钴、镍等新能源相关矿产资源的需求快速增长。①

二、境内投资者跨境并购的特征

(一)产业资金流向由过去的以能源为主转向领域多元化

据毕马威统计,早在1995年,中国跨境并购仅覆盖能源等4个行业,而目前则涉及全球近30个行业。具体而言,主要集中在科技业、能源资源业、金融业、医药技术行业、租赁与商业服务业、批发和零售业、制造业、交通运输业、仓储和邮政业、建筑业等领域。②

(二)跨境并购主体呈现多元化发展趋势

在我国跨境并购发展过程中,包含央企和国资企业在内的国有企业因其规模大、政策优惠多、资金充裕等先天优势,一直是我国跨境并购的主体,不论是参与并购的次数还是并购的总金额,都占据绝对优势。但近年来,随着我国经济的快速发展,一大批民营企业实力不断增强,它们扩张并购的欲望越来越强烈,因此民营企业在跨境并购活动中日益活跃,逐渐成为主要力量之一。③

---

① 参见《2022年跨境并购和国际银团市场回顾和展望》,载 https://news.goalfore.cn/topstories/detail/37429.html,访问日期:2023年3月12日。
② 参见张金杰:《近期中国海外并购的主要特点、问题与趋势》,载《国际经济合作》2015年第6期,第31页。
③ 参见张宗斌等:《日本大规模对外直接投资的经验教训及借鉴研究》,经济日报出版社2015年版,第215页。

2016年以来，民营企业连续在并购交易数量和金额上超过国有企业。其背后的原因在于：首先，美国等发达国家对具有国企背景的跨境并购加大了安全审查力度，对民营企业的限制相对较少，扩大了境外投资空间；其次，经过近30年的发展，民营企业逐渐成长为国内产业的龙头和标杆企业，具有强大的生命力、创新力和竞争力，国有企业并购优势在于矿产资源等上游行业，而民营企业则在信息通信、互联网、生物医药、先进制造和文化体育等行业异军突起，例如复星、万达、华为、海尔和美的等在跨境并购中均有不俗表现；最后，中国外商投资体制的不断改革为民营企业"走出去"创造了良好的政策环境。[①]

(三) 跨境并购交易方式多样化

近年来，随着我国金融市场的发展和并购规模的扩大，境内投资者逐渐从以现金方式交易转向在国际证券市场进行间接并购，而且部分并购案的融资技巧也达到了较高水准。例如，京东并购使用了六家国际金融保险机构的混合贷款，网通并购则采取了组建国际财团和整体谈判的形式。2004年年底，联想在收购IBM个人电脑业务中，引入了美国三家私人投资的战略投资，虽然实际交易额高达17.5亿美元，但现金支付的部分仅为1/3，其余2/3都是通过股票和债务收购的。[②]

[①] 参见朱宁主编：《跨境并购：合规管理·风险控制·融资安排》，中国法制出版社2020年版，第88页。

[②] 参见潘涛、张振龙：《我国企业跨国并购的风险研究》，载《现代商业》2013年第14期，第148页。

第二章
跨境并购概述

一、跨境并购的概念

并购(Merger and Acquisition)为合并(Merger)与收购(Acquisition)的合称。合并是指两家公司合二为一,分为两种不同形式:一为原有两家公司合并为一家新公司,原有两家公司均不复存在;二为原有两家公司存续一家,另一家公司不复存在而并入该存续的公司。收购是指一家公司将另一家公司或资产收购,目标公司与目标资产仍然单独存续,只是在交易完成后,被收购方所持有。①

跨境并购是并购行为的一种范围上的延伸。跨境并购中的"跨境"指的是并购的目标公司和目标资产不在实施并购的企业的注册国家。但需要注意的是,如果境内投资者通过境外的特殊目的实体开展并购行为,则即使最终实施收购的特殊目的实体与并购的目标公司和目标资产位于同一国家,这一并购行为仍属于跨境并购。

---

① 参见张伟华:《海外并购交易全程实务指南与案例评析》,中国法制出版社2016年版,第2—3页。

二、跨境并购的类型

跨境并购的类型包括横向并购、纵向并购和混合并购等。横向并购通常是指竞争方之间的并购；纵向并购通常是指具有上下游供应或销售关系的主体之间的并购；混合并购通常是指不具有竞争关系且没有上下游供应和销售关系的主体之间的并购，最有代表性的是通用电气公司对大量不同行业的企业进行的并购。[①]

三、跨境并购的三种基本模式

股权收购、资产收购和合并是跨境并购的三种基本模式。股权收购是跨境并购中最常见的并购模式，即境内投资者通过购买目标公司的股权完成收购，并成为目标公司的股东。在股权收购中，境内投资者可能会基于不同的收购目的而购买不同比例的股权。在资产收购中，境内投资者购买目标资产，通过交易获得目标资产的所有权，并将交易对价直接支付给目标资产的出售方。在合并中，两家公司合并为一家公司。根据不同的合并情形，可能是目标公司被境内投资者吸收，也可能是境内投资者被目标公司吸收，还有可能是境内投资者和目标公司成为一家新公司。

在实践中，境内投资者在确定拟采取的并购模式时会考虑

[①] 参见朱宁主编：《跨境并购：合规管理·风险控制·融资安排》，中国法制出版社 2020 年版，第 9 页。

以下因素:

第一,希望实现的商业目标。如境内投资者希望获得的是目标公司的控股权,或其想要通过目标公司参与东道国的贸易或投资活动,则其可以选择采用股权收购的方式;如境内投资者仅仅认为目标公司持有的某一项目标资产具有收购的价值,则其可以选择采用资产收购的方式。

第二,取得第三方许可的难度。譬如,在收购目标公司的目标资产时,可能需要取得与目标资产相关的合同相对方的同意。一旦合同相对方拒绝合同项下权利义务的转让,资产收购行为就会受到阻碍。但是,如境内投资者采取股权收购的方式,由于目标公司作为合同主体未发生变化,此时通常不需要获得合同相对方的同意。因此,取得第三方许可的难易程度也会影响境内投资者对于并购模式的选择。

第三,尽职调查的成本。如境内投资者收购的对象是目标公司的股权,则其需要聘请中介机构对目标公司的整体情况(包括目标公司的主要业务及运营、主要债权债务、知识产权、重大合同等诸多情况)进行全面的调查,将支出较高的成本;但是,如境内投资者收购的对象仅限于目标公司的目标资产,则尽职调查的范围也仅限于目标资产的相关情况,支出的成本相对较低。

由于跨境收购(包括股权收购和资产收购)是实践中跨境并购的主要模式,本书将重点分析跨境收购的相关内容。

第三章
跨境并购的风险及应对策略

一、跨境并购的风险

(一)跨境并购的政治风险

在境内投资者跨境并购风险中,政治风险是必须首先考虑和防范的风险,主要包括政权变动风险、政府违约风险、政策风险等。

1. 政权变动风险

投资东道国的政局不稳定,甚至出现政治动荡,会给在当地开展并购的境内投资者带来风险。政权变动风险主要发生在一些政局不稳的欠发达国家,在欧亚转轨经济体也时有发生,例如一些独联体国家、西亚和北非的一些国家爆发的颜色革命。投资东道国政局动荡,甚至发生内战,会使境内投资者面临巨大的风险。[①]

2. 政府违约风险

政府违约风险,是指东道国政府单方面不履行或者不完全

[①] 参见朱红根:《"一带一路"背景下中国企业对外投资风险与应对策》,载《全国流通经济》2022 年第 15 期,第 21 页。

履行投资协议,且境内投资者无法通过东道国国内的司法程序得到有效救济,或者境内投资者虽然可以在东道国国内寻求司法救济,但未能得到及时的裁决,或者虽然得到了及时的裁决,但是该裁决并没有得到有效的执行,最终使得投资项目无法顺利进行,并给境内投资者带来经济损失。①

3. 政策风险

一些发展中国家的企业缺乏国际竞争力,民族主义意识强,经济保护主义盛行,对外资的限制措施更为严格,在这类国家,外资存在国有化风险,政府也常常干涉外资的并购。亚非拉地区民族主义情绪相对更为高涨,国有化风险较高,外资被赎买甚至被没收的风险较高。此外,在一些发达国家,政府和议会也有可能对外资在本国的并购活动进行干预,以防自身的战略利益受损、核心技术泄露、龙头企业被并购。②

(二)跨境并购的经济风险

1. 定价风险

定价风险出现在并购的前期,是指境内投资者对目标公司的价值估计偏离目标公司实际价值的风险,一般表现为高估的风险。收购价过高会使境内投资者承受沉重的负担,从而背负庞大的债务。由于跨境并购双方处在不同的国家,双方的运营背景有着较大的区别,境内投资者对目标公司所在地区的人文

---

① 参见滕乐:《我国企业对外投资中的政府违约风险及防范》,外交学院2019年硕士研究生学位论文,第2页。

② 参见朱红根:《"一带一路"背景下中国企业对外投资风险与应对策》,载《全国流通经济》2022年第15期,第21页。

状况、经济环境、行业竞争状况和消费情况等具体问题的了解有限,因此无法对目标公司进行较完善的价值评估,从而导致定价风险的存在。①

2. 汇率风险

汇率风险是指由于汇率的变动,跨境并购项目的成本与收益科目发生变动,而导致损失的可能性。在境内投资者跨境并购过程中,汇率的变动会导致并购项目中各项收入、成本与费用类科目随之变动,有可能造成并购项目的损失。②

3. 利率风险

利率风险是指利率的变动,导致境内投资者的融资成本发生变动。③譬如,境内投资者在收购一家境外企业的股权时,由于自有资金不足,需要向银行借款以支付股权收购款。当利率发生波动时,境内投资者的利息成本也会发生波动,从而影响跨境收购的开展。

(三)跨境并购的法律风险

1. 违反当地法律的风险

境内投资者在跨境并购时,可能会存在违反当地法律的风险。若境内投资者没有关注项目所在国的法律制度,则可

---

① 参见陈志兵:《我国企业海外并购不同阶段的财务风险与防范》,载《对外经贸》2012年第3期,第150—151页。

② 参见朱红根:《"一带一路"背景下中国企业对外投资风险与应对策》,载《全国流通经济》2022年第15期,第21页。

③ 参见朱红根:《"一带一路"背景下中国企业对外投资风险与应对策》,载《全国流通经济》2022年第15期,第21页。

能会违反项目所在国的法律,并最终导致跨境并购失败或造成损失。

(1) 反垄断法

目前,世界上众多国家制定了反垄断法,每一个国家都有着各自不同的法律规定。美国在1890年通过了第一个全国性的反垄断法——《保护贸易和商业不受非法限制与垄断之害法》,即《谢尔曼法》,标志着现代反垄断法的产生,并于1914年制定了《克莱顿法》和《联邦贸易委员会法》,弥补了《谢尔曼法》的不足。1945年,美国联邦最高法院在"美国铝公司案"中创立了"效果原则"。根据这一原则,任何发生在美国境外与美国反垄断法精神相抵触的行为,不管行为者的国籍如何,只要该行为对美国的市场竞争产生了影响,美国法院对其就有管辖权。因此,对以美国为东道国的并购必须遵循上述法律法规。

英国的《城市守则》规定,若并购方已控制了某一行业1/4的市场份额,或并购完成后其市场份额超过1/4,那么英国贸工部和公平交易局就有权将该并购协议提交垄断与兼并委员会审查。[1]

境内投资者常常因为不了解东道国的反垄断法规定而导致精心策划的并购计划落空。[2]

(2) 反恐法

中国有与人为善、与邻为善的传统,在跨境并购时也不例

---

[1] 参见郑莉:《跨国并购法律风险的研究》,载《商》2012年第15期,第147页。

[2] 如2006年,中集集团在并购荷兰博格工业公司的过程中,由于欧盟反垄断机构认为其并购成功后将在全球罐式集装箱这一产品市场上的市场份额过高,因此导致此次并购失败。

外。但在跨境并购过程中,境内投资者难免会与"良莠不齐"的组织和人来往,其中不知不觉地会触发某些诸如美国反恐法的红线,而美国又有"好讼"的传统,因此,依据美国反恐法的有关条款提起巨额索赔诉讼成为必然。在该方面,中国银行业曾涉嫌违反美国反恐法被他人在美国提起诉讼。一旦央企、国企被美国法院裁定违反美国反恐法,除经济损失外,其自身包括中国政府的声誉损失不可估量。①

(3) 公司法

各国的公司法不尽相同,例如,美国的公司法包括各州的公司立法、联邦立法以及州法院和联邦法院的判例。根据美国法律,在美国常见的企业形式主要有股份有限公司(Corporation)、个人独资企业(Sole Proprietorship)、有限责任公司(Limited Liability Company)、普通合伙(General Partnership)、有限合伙(Limited Partnership)、有限责任合伙(Limited Liability Partnership),个别州还有有限责任有限合伙制(Limited Liability Limited Partnership)等。外国投资者最常用的形式是 C 类股份有限公司(C-Corporation)、有限责任公司②。因此,如境内投资者不了解东道国国家相关法律对各种企业形式的不同要求及不同企业形式的特点,可能会违反东道国公司法的规定。

---

① 参见中国涉外律师领军人才首期班:《涉外律师在行动:中国涉外律师领军人才文集》,法律出版社 2014 年版,第 185 页。

② 但有限责任公司不属于美国公司法概念中的股份有限公司形式,而是属于其他类型的商业组织形式之一,故有别于我们通常意义上所指的有限责任公司。有限责任公司的拥有者或出资人,在法律上不被称作股东(Shareholder),而是被称作成员(Member)。有限责任公司的成员拥有或出让的权益不被称为股份(Share),而是被称为权益(Interest)。参见王立新、何文杰、李磊编著:《中国企业境外投资法律与实务》(非卖品),第 72 页。

(4)证券法

证券法对于跨境并购的影响主要体现在对上市公司的并购上。各国从保护本国证券市场和防止敌意收购等目的出发,制定了一系列法律法规。美国早在1933年制定的《证券法》、1968年通过的《威廉姆斯法案》、1975年制定的《证券法(修正案)》等多部法律对于公司并购作出了相应的规定。英国的《伦敦城收购与兼并守则》中,对于上市公司的收购问题也作出了详细的规定。各国在证券法上对上市公司并购的立法有一个十分重要的制度——信息披露制度,即"证券发行公司于证券发行与流通诸环节中,依法将有关真实信息予以公布,以供投资者作投资价值判断参考的法律制度"——是境内投资者在跨境并购过程中一定要考虑的。境内投资者在跨境并购过程中,对于东道国目标公司决定是否通过境内投资者的并购计划这一决策过程中需要的一切必要信息,都需要进行全面、正确、充分、及时的公开,而公开贯穿公司并购过程的始终。信息披露制度的烦琐必然增加并购的成本,这是境内投资者在制订并购计划时需要考虑的,同时信息披露还可能导致其他企业通过公开信息发现目标企业的价值,从而与境内投资者进行竞争。①

(5)知识产权法

知识产权作为被并购企业的无形资产,是被并购企业的重要增值方式,也成为跨境并购企业追逐的焦点。因此,当前许多跨境并购已经成了直接并购国外企业的知识产权。据统计,境内投资者跨境直接并购海外专利或商标的案例不断增多。可以

---

① 参见郑莉:《跨国并购法律风险的研究》,载《商》2012年第15期,第147页。

看出,知识产权已经成为境内投资者跨境并购的重要推动因素。① 但知识产权的全球性保护是通过各司法主权管辖地的分别保护实现的,境内投资者进行跨境并购时,如未充分尊重和遵循各司法主权管辖地的法律和文化传统,可能会产生知识产权法律风险。

(6)环境保护法

境内投资者在海外的投资曾因造成东道国生态破坏和环境污染而被称为"掠夺性发展"等。② 2015年1月26日,墨西哥联邦环境保护署以触犯生态平衡与环境保护规章及长期欠缴罚款为由,全面叫停位于该国加勒比海边坎昆市郊的中资商城项目——"坎昆龙城"。我国在缅甸兴建的密松水电站2009年动工,计划投资36亿美元,但由于没有按照环境影响评价报告书要求,且可能导致生物多样性被破坏、江水污染等多种生态环境问题,于2011年9月被叫停。

(7)劳动法

境内投资者"走出去"的过程中,不可避免地会碰到各类劳动及雇佣事项,对其的熟悉程度,往往不仅决定了并购的成功与否,还决定了并购完成后潜在债务的多少及并购后整合的难度。特别是在涉及工会势力发达、养老金计划义务繁重、员工持股或期权计划复杂等情况的国际交易中,更有可能出现违反当地劳动法律的情形。

---

① 参见徐慧、周婕:《中国企业"走出去"遇到的知识产权问题及其原因探析》,载《中国发明与专利》2015年第6期,第11页。

② 参见韩秀丽:《中国海外投资中的环境保护问题》,载《国际问题研究》2013年第5期,第103—115页。

(8) 税法

由于各国法律体系和税制的不同，税务风险在国际并购交易中显得更为复杂和多样化。跨境并购的外部税务环境日益严峻，各国一方面调整本国企业税负以刺激经济，另一方面也都不同程度地加强了税务监管和税款征收，打击跨国企业的避税行为。[1] 境内投资者到境外开展并购活动时，可能会因缺乏对东道国执行的税收政策、纳税申报政策等内容的关注，从而出现违反税收政策、纳税申报政策的情况，并受到税务部门的行政处罚。

(9) 商业贿赂法律

如目标公司在并购完成前违反了商业贿赂法律，则将会给境内投资者带来以下法律风险：并购完成后境内投资者与目标公司完成债权债务重组，境内投资者可能会"买来"目标公司已有或未来需承担的法律责任，即所谓的"继承责任"。以2020年7月3日美国司法部和美国证券交易监督委员会联合发布的《美国反海外腐败法资源指南（第二版）》为例，其明确指出，并购交易中的境内投资者可能要对目标公司收购前的腐败行为负责。具体而言，在美国监管机构具有管辖权的跨境并购交易中，美国的反腐败监管审查机构可以依据继承责任对涉嫌商业贿赂问题的目标公司及境内投资者提起指控，境内投资者可能要对目标公司在并购前所涉嫌的违反商业贿赂法律的行为承担责任。[2]

---

[1] 参见中国并购公会编著：《产业整合的中国动力（2017版）》，首都经济贸易大学出版社2017年版，第166页。

[2] 参见尹庆、申鸣阳：《跨境并购中反腐败专项尽职调查》，载 https://mp.weixin.qq.com/s/gIpD14DY-hehhVN945wxD，访问日期：2023年7月5日。

2. 国家安全条款风险

在双边投资协议中设置例外条款是平衡和协调投资者,保护东道国国家安全、公共利益的安全阀①,国家安全例外条款已经为世界贸易组织协定及众多双边投资协定所接受②。在经济全球化的今天,国家安全不仅包括传统的军事安全,还包括国家经济安全。鉴于其性质,国家安全条款本质上属于国家自行判断条款,尽管国际习惯法要求国家在履行条约时必须善意,但在缺乏明确标准的情况下,国家安全条款时常被滥用。东道国政府以国家安全考虑为由终止境内投资者海外投资项目的情况屡见不鲜,这种风险高发于境内投资者对发达国家的投资。比如,美国通过了《2018年外国投资风险评估现代化法案》,赋予美国外国投资委员会(CFIUS)更广泛的管辖权,具体化其监管内容,目的在于推进其实现更加激进的监管意图。同时,该法案提出了针对中国投资者的内容,要求中国商务部部长应向美国国会和美国外国投资委员会每两年提交一份中国对美国实体的外国直接投资交易报告。再如,作为矿产资源极其丰富的国家,澳大利亚于2008年公布了规范和审查外国政府对澳大利亚投资的6项原则,以审查外国国有企业和主权财富基金对该国

---

① 参见余劲松:《国际投资条约仲裁中投资者与东道国权益保护平衡问题研究》,载《中国法学》2011年第2期,第132—143页。

② 1994年《关税与贸易总协定》第21条、世界贸易组织《服务贸易总协定》第14条均规定有"安全例外"。在双边投资协定实践中,美国等国缔结的双边投资协定采用"根本安全利益"的表述,德国双边投资协定采用"公共安全"的表述,还有国家或地区采用"国际和平与安全"等表述。2009年《中华人民共和国政府与秘鲁共和国政府自由贸易协定》中的投资规则采用"实质安全利益""重大安全利益"的表述,2009年《中华人民共和国政府与东南亚国家联盟成员国政府全面经济合作框架协议投资协议》中的"安全例外"采用《服务贸易总协定》第14条的表述。

投资是否有损国家利益。①

3. 合同条款风险

境内投资者如果在与境外主体谈判合同条款时不注意争取自己的利益,可能会导致合同条款对自己十分不利。

境内投资者需要注意的重要条款包括但不限于:

(1)陈述与保证条款:是对目标公司、目标资产状态的确认,也是对尽职调查的确认;是成交前形成交割条件的基础,交割时应确保陈述与保证内容不能有大变化,而成交后违反陈述与保证条款,则是卖方补偿买方的基础。

(2)先决条件条款:是买卖双方是否履行最终支付和权益转让义务的条件。

(3)赔偿条款:是并购交易双方争议最大的条款之一。对赔偿责任的限制包括时间限制、额度限制、方式限制、不得重复获益限制等。

(4)争端解决机构条款:有些境外主体可能希望将争端解决机构约定为其所在国的法院,这一约定对于境内投资者是非常不利的,因为境外法院通常倾向于保护本国企业的利益。如果境内投资者未对境外主体提出的争端解决条款提出异议,可能导致在未来的争端解决中处于被动的地位。

4. 法律变动风险

法律变动风险,是指在境内投资者和境外主体签订合同之后,东道国法律发生变动导致境内投资者的利益受到影响的风

---

① 参见贺晓琴:《跨国并购与中国对外投资的国际环境》,载《国际关系研究》2013年第5期,第145页。

险。有些东道国的法律环境不稳定,可能会通过频繁修改本国的财税法律、劳工法律、海关法律、环保法律等来维护本国利益。如果境内投资者在谈判时未考虑到东道国法律可能变动的因素,则可能会使境内投资者在未来东道国法律发生变动时产生巨额损失。

5. 法制不健全风险

一些不发达的东道国可能缺乏完整的与外国投资活动相关的法律体系,同时这些国家的司法可能具有极大的随意性。这一现象可能会带来以下风险:一旦东道国的合同相对方违反了与境内投资者签署的投资协议,境内投资者将难以利用东道国的法律来维护自己的合法权益;即使境内投资者向东道国法院提起诉讼,由于相关法律的缺失和司法的随意性,东道国法院也可能会无视境内投资者的利益,不合理地作出不利于境内投资者的判决。

6. 法律冲突风险

法律冲突风险具体表现为东道国的法律与境内法律之间的冲突,以及境内法律与国际条约的冲突的风险。如境内投资者仅关注境内法律,可能会在跨境收购的过程中违反东道国法律和国际条约。

7. 争端解决机制风险

境内投资者应该意识到,许多"一带一路"沿线国家如土库曼斯坦、伊拉克、黎巴嫩等都不是世贸组织成员,这些国家有关法律、政策不受世贸组织关于国际贸易仲裁制度的约束。同时,部分东道国并不是《承认及执行外国仲裁裁决公约》(《纽约公约》)的缔约国,这就意味着在针对这些东道国的投资项目中的争议而提起的国际仲裁中,即使取得有利于中方的裁决,但在获得东道国法院对这些仲裁裁决的承认和执行方面有着重大的不确定性因素,从而使得仲裁结果难以落实。

8. 信息不对称风险

如并购方对目标企业了解不够或目标企业故意隐瞒有关信息,往往会使并购盲目进行,最终造成不良后果。若并购方因此对目标企业的资产价值和盈利能力的判断不准确,只看到目标企业良好发展前景的一面,而对其负债多少、财务报表是否真实、有无诉讼纷争、资产抵押担保等情况不掌握或估计不足,并购后就会增加额外的负担;若对目标企业的资产可利用价值、富余人员、产品市场的占有率和开拓能力等了解不足,就会加剧并购后的整合风险。

(四)跨境并购的社会文化风险

1. 商务文化风险

商务文化风险是指来自不同文化背景的合作者由于商务习惯和行为方式上的文化差异而产生的风险。跨境并购过程中,商务文化上的差异会导致并购双方对同一事物或现象的认知和应对方式的不同,从而使得彼此在交往中产生误解、摩擦甚至交易失败。以交易习惯为例,境内投资者秉承的是谨慎的态度,在作决策时,境内投资者往往会在多次讨论之后才会采取行动,这个过程是缓慢的,而一旦决定,资料会很快被准备充分。欧美企业家往往没有这一推进过程,他们是按部就班的,设定时间表,一步一个脚印。这里就存在一定的矛盾,在前期,境内投资者决策速度过慢被欧美企业视为没有诚意,而在中期,欧美企业的资料准备速度过慢会被境内投资者误解,他们会认为欧美企业家合作意愿不强,或者因为有虚假信息而需要隐瞒。这些误会通常是由商业习惯和文化差异所导致的,也是并购过程中必然要面临的一种风险。[1]

2. 人才管理风险

人才管理风险是指由于文化差异和冲突可能造成目标公司员工难以适应和接受这些文化差异,导致一些关键的管理和技术人才的离职,使境内投资者收购的目标公司丧失可持续发展的基础和动力。有的管理人才或者技术人才在自己不喜欢的工作氛围中,虽然可能选择不离开企业,但得过且过,不思进取,把这些消极的情绪带到整个企业中,破坏整个企业的氛围和凝聚力,影响企业其他员工的工作情绪和工作状态。[2]

二、应对跨境并购风险的策略

境内投资者跨境并购在政治、经济、文化、法律和经营管理等方面遇到的风险,严重制约和影响了境内投资者的海外发展,但风险与机遇并存,机遇大于挑战,境内投资者跨境并购的风险是可以识别和防控的。境内投资者只要采取合理、有效的

---

[1] 参见曾翔昱:《我国企业跨国并购后的文化冲突风险评价及化解策略研究》,湖南师范大学2015年硕士学位论文,第31—32页。

[2] 参见曾翔昱:《我国企业跨国并购后的文化冲突风险评价及化解策略研究》,湖南师范大学2015年硕士学位论文,第33页。

避险措施,正确处理把握项目商业机会和防范风险之间的关系,一般就可在风险可承受的范围内,实现企业利益最大化和风险控制成本最小化。

(一)应对政治风险的策略

1. 争取政府部门的支持

境内投资者须积极争取中国各级政府部门的支持,建议政府部门与东道国修改和签订新一代的、更有利于境内投资者的双边投资协定,以有效规避境内投资者的政治风险,保护境内投资者的海外投资合法权益。①

2. 建立风险管理机制

境内投资者应从公司治理角度建立和强化企业风险管理机制,并在公司章程中明确风险管理机制的地位,加强公司董事、监事和高级管理人员对公司的忠实和勤勉义务。同时分析风险管理机制能否抑制公司董事会的过度冒险倾向,从而将风险控制在公司股东所能承受的范围之内。②

3. 签订稳定性协议

在发展中国家开展并购活动时,境内投资者要和东道国政府谈判签署稳定性协议,由东道国政府承诺在一定期限内保持政策及投资者税收等各项待遇的稳定性。如果签署了稳定性协议,将

---

① 参见孙南申:《"一带一路"背景下对外投资风险规避的保障机制》,载《东方法学》2018 年第 1 期,第 25 页。
② 参见孙南申:《"一带一路"背景下对外投资风险规避的保障机制》,载《东方法学》2018 年第 1 期,第 25 页。

来发生争议时境内投资者可以有明确的合同依据寻求救济。①

4. 积极投保海外投资保险

境内投资者要善于运用海外投资保险来保障自身利益。在政治风险发生时,投保了海外投资保险的境内投资者可以有效地减少因风险带来的利益损失。境内投资者应当树立正确的投保意识,在符合投保条件的前提下积极进行投保。境内投资者要了解海外投资保险的相关知识,对于各类政治风险的投保条件、投保流程、赔付条件等进行深入研究分析,善用中信保和多边投资担保机构(MIGA)等保障自己的海外利益。②

(二)应对经济风险的策略

1. 聘请专业机构对目标公司的价值进行评估

境内投资者在进行跨境并购时一定要对目标公司的价值做好评估,估值工作有任何失误都会对整个并购产生较大的影响。由于估值工作涉及的方面比较广,而境内投资者自身的能力是有限的,所以境内投资者要聘请专业的评估公司,请评估公司对目标公司进行尽职调查,并出具可行性报告。③

---

① 参见金杜法律研究院:《智库报告:聚焦"一带一路"中的法律与实践——跨境并购重大法律风险和提示》,载 https://mp.weixin.qq.com/s? src=11&timestamp=1688476939&ver=4630&signature=Nk0i14uAa3GVgCe7GQACWPTwDemWKP7mzbxv0bW97jXsWNqPwPZ-M5lExjqoCaauGjiDZJbwd69z0wkNHFcPob2fsq9eANYNjrYTtnrKTN4q23lehCg8KQcWmchAFlh7&new=1,访问日期:2023年7月4日。

② 参见滕乐:《我国企业对外投资中的政府违约风险及防范》,外交学院2019年硕士研究生学位论文,第32—33页。

③ 参见李婧:《上市公司跨境并购财务风险及防范研究》,载《对外经贸》2021年第2期,第103页。

2. 通过交易文件或汇率风险保险以转嫁汇率风险

若境内投资者在评估之后认定跨境并购项目的汇率风险较高,且该风险甚至会影响本次并购活动的决策,则境内投资者可以考虑在股权收购协议等交易文件中明确约定汇率风险由对方承担,从而转嫁汇率风险。另外,境内投资者也可以考虑投保汇率风险保险,从而规避自身风险。①

3. 拓宽融资渠道

境内投资者应对国内国际的资本市场进行深入研究,选择多种融资方式,包括证券融资、债券融资、银行贷款和其他融资等方式,充分利用国内国际资本市场,拓宽融资渠道,降低融资成本。②

(三) 应对法律风险的策略

1. 对东道国的法律法规进行尽职调查,并采取相应对策

境内投资者应聘请涉外律师及东道国律师对项目所在国的法律制度进行尽职调查,及时收集当地的法律法规,归纳总结出境内投资者在境外活动中可能遇到的法律风险。首先,境内投资者须关注东道国关于与员工聘用和劳资关系有关的法律,以免违反当地劳动法甚至导致劳资冲突。其次,境内投资者须了解东道国的知识产权法律,以免因侵权而面临巨额索赔。再

---

① 参见朱红根:《"一带一路"背景下中国企业对外投资风险与应对策》,载《全国流通经济》2022 年第 15 期,第 22 页。
② 参见朱红根:《"一带一路"背景下中国企业对外投资风险与应对策》,载《全国流通经济》2022 年第 15 期,第 23 页。

次,关于税法上的风险,境内投资者到海外投资应注意在东道国执行税收协定时涉及的具体税种,例如,在日本涉及的税种有所得税、法人税、居民税;在美国涉及的税种有根据国内收入法征收的联邦所得税。① 还需要了解是否存在对外国投资者适用的优惠税收政策、外国投资企业的纳税申报制度的基本内容、是否存在合法避免双重征税的条件及税收协定,以及为了实现避免双重征税所采用的公司营业地架构设计是否合法合理等。境内投资者应有意识地寻求税务部门关于外国投资企业的税收辅导,了解境外所得计算、亏损弥补、应纳税额计算、境外税款抵扣以及境外税收减免处理等政策。最后,对于资源类和制造业的项目,境内投资者应了解当地有关环保的法律法规,如果当地环保法的要求很高,造成了境内投资者无法承担的成本,则应该考虑项目的可行性。

2. 争取有利的合同条款

境内投资者应在律师的协助下,在与境外主体的谈判过程中积极争取有利的合同条款,从而确保对方违约时能够捍卫自己的合法权益。协议中一个重要的合同条款是争端解决条款。境内投资者应选择在第三国中立的仲裁机构进行仲裁,而不能选择在东道国的法院进行诉讼。另一个重要的合同条款是"稳定条款"。境内投资者应在合同中加入稳定条款,明确约定自己的权利不受签约后新颁布的东道国法律的影响。

---

① 参见王立新、何文杰、李磊编著:《中国企业境外投资法律与实务》(非卖品),第75页。

3. 充分运用法律手段维护自己的利益

针对东道国法律不健全的风险,境内投资者应在遇到不法侵害时通过发送律师函、提起诉讼或仲裁等方式来维护自己的合法权益。在诉讼或仲裁过程中,若东道国缺乏与外国投资、并购活动相关的法律,境内投资者应积极利用国际条约、国际习惯、一般法律原则等国际法渊源来维护自己的利益。

4. 注意法律冲突

由于境内法律与东道国法律、国际条约之间可能存在冲突,境内投资者应注意这些潜在的法律冲突。如境内投资者在日常经营活动中遵守东道国法律和国际条约的相关规定,可避免因违反相关规定而遭受损失。

(四)应对社会文化风险的策略

1. 加强与东道国企业、劳工组织的沟通

境内投资者可借助海外华商的经营网络和人际关系,加强与东道国企业的交流合作,尽快融入当地社会,获得当地社会的认可。另外,境内投资者应当重视东道国劳工组织的影响,积极与当地劳工组织进行有效的沟通,注重履行企业在当地的社会责任,更好地融入当地社会。[1]

2. 调适企业文化

境内投资者应充分了解东道国的文化以及两个国家的文化

---

[1] 参见朱红根:《"一带一路"背景下中国企业对外投资风险与应对策》,载《全国流通经济》2022年第15期,第17页。

差异,尊重和适应当地文化,完善企业文化沟通机制,制订企业文化融合方案,积极搭建企业与员工、管理人员与员工、员工与员工之间的沟通平台,有效整合企业人力资源,培育共同价值观,打造企业利益共同体。[①] 通过调适企业文化,能够使目标公司原有的管理和技术人才在一个融洽的氛围中工作,调动这些人才的工作积极性,从而有利于目标公司的可持续发展。

---

① 参见李加林、张元钊:《新形势下中国企业对外投资风险与管控措施》,载《亚太经济》2019 年第 4 期,第 94 页。

第四章
跨境并购中介机构的聘请

一、跨境并购团队的构成

由于跨境并购对于时间的要求很高,且各国的法律环境和市场环境都不尽相同,每一起跨境并购都有其自身的特殊性。因此,聘请经验丰富的跨境并购团队,是跨境项目及其之后的整合能否成功的重要因素。

(一)会计师事务所

会计师事务所在跨境并购中主要负责对目标公司进行尽职调查。根据交易规模、交易复杂程度、境内投资者的投资方式等不同,会计师提供的尽职调查范围也会存在较大区别。在大型的跨境并购交易中,会计师事务所可以提供财务尽职调查、税务尽职调查、业务尽职调查;在小型的交易项目中,一般会进行财务与税务尽职调查。财务尽职调查范围包括对目标公司的基本情况、财务概况和会计政策、利润表、资产负债表和现金流量表,以及资本支出与或有负债进行调查,以发现目标公司是否存在重大财务负债及其他财务风险。税务尽职调查的目的是确认境外投资与并购交易是否会导致境内投资者承担重大税款,目标公司是否存在重大税务风险,以及在交易完成后目标公司需要注意的重大税务事项。业务尽职调查范围包括目标公司的境内投资与销售情况、供应链管理和采取的重要政策与流程、生产计划与控制流程、技术研发情况以及核心业务领域和人力资源情况等内容。通过业务尽职调查可以了解目标公司的运营效率情况,查明目标公司业务是否存在提升空间,查明影响价格的关键要素以及明确目标公司市场的主要发展机遇和目标公司运营过程中存在的主要风险等。通过对财务、税务及业务三个部分的尽职调查,从而为目标公司的财务、税务与运营把脉,并为后续交易完成后目标公司在上述方面的提升与完善提供依据。①

(二)财务顾问

跨境并购具有高度复杂性和不确定性,因此选择一家了解业务模式、经营战略的财务顾问,协助境内投资者"走出去"实施跨境并购,将有助于境内投资者提高效率,规避不必要的风险以及提高后续整合的成功率。②

财务顾问提供的服务主要包括:协助境内投资者根据其经营战略和发展规划制定收购战略,明确收购目的,拟订收购标准;根据收购战略,在全球范围内筛选合适的收购标的,并与其股东、管理层进行初步接触;联合商业银行或私募基金共同为境内投资者提供融资服务;向境内投资者推荐与协助筛选交易所需的其他中介机构,比如律师事务所、会计师事务所;协调其他

---

① 参见杨青:《中国企业境外投资法律实务指南》,法律出版社2019年版,第64—65页。
② 参见江苏省上市公司协会编:《上市公司并购重组流程及案例解析(上)》(第二版),江苏人民出版社2016年版,第36页。

专业中介机构确认合适的交易架构;协调其他专业中介机构制订和优化并购后的整合方案;陪同境内投资者对标的公司进行现场考察和管理层访谈,协助境内投资者与卖方就收购价格和收购协议主要条款进行谈判;协助境内投资者完成境内外审批工作等。①

(三)律师事务所

律师事务所负责处理跨境并购过程中的法律事务。由于在境内投资者跨境并购的过程中,往往会涉及两个国家的相关法律制度,所以需要境内律师和境外律师互相配合,共同为境内投资者提供法律服务。

1. 境外律师

境外律师的服务内容主要包括以下几方面:

(1)交易架构的搭建

在跨境并购的过程中,合适的交易架构能够帮助境内投资者规避严格的法律管制、享受税收方面的优惠,并实现风险隔离的需求。因此,搭建交易架构是境外律师的一项重要工作内容。

交易架构并不只是财务顾问和税务顾问负责的事情,实际上并购中交易架构在一定程度上决定了法律风险。中石油曾经想在哈萨克斯坦收购一块油气资产,这块油气资产是由一家加拿大上市公司持有的。根据法律法规和该加拿大上市公司与哈萨克斯坦政府签署的合同,如果要在资产层面售卖,当地政府有

---

① 参见杨青:《中国企业境外投资法律实务指南》,法律出版社2019年版,第66—67页。

优先购买权。如果这个交易采取的是公司股权交易,在这种情况下,哈萨克斯坦政府是没有优先购买权的。所以中石油就选择把这家加拿大上市公司收购了。当然这个交易尽管在文件上避开了政府的优先购买权,但哈萨克斯坦国会连夜通过了一项法律,只要是收购涉及哈萨克斯坦国家的油气资产,不管是资产收购还是上市公司收购,政府都有优先购买权。而且,国会在颁布此项法律时说明,其不仅向后生效,还具备向前溯及的效力。这个时候就需要律师去分析,是否通过这个交易架构,还是可以避开政府的优先购买权,达到商业目的。①

(2)法律尽职调查

为了了解收购的目标公司是否符合自己的需求,境内投资者必须要聘请境外律师对目标公司的股权结构、业务情况、债权债务情况、知识产权、重大诉讼等事项进行法律尽职调查。

法律尽职调查的目的,首先,在于发现和识别目标公司在劳工、环保、诉讼等方面的潜在法律风险。其次,法律尽职调查能帮助境内投资者评估法律风险的严重性,进而协助其评估并购交易的可行性。最后,法律尽职调查能够协助境内投资者确定控制法律风险的手段,如要求卖方及时消除风险,在交易文件中作出充分、完整的陈述与保证,或者选择结束本次交易。

(3)交易文件的制作与修改

为了完成跨境并购交易,需要准备交易的文件,包括但不限于保密协议、股权/资产收购协议、聘用协议等。还要准备前期交易文件,包括备忘录、框架协议、条款书。如果是要约收购,还

---

① 参见张伟华:《跨境并购的十堂必修课》,中国法制出版社 2017 年版,第 317—318 页。

要准备要约收购文件、支持协议、股东协议、融资协议、托管协议、保障协议、过渡性协议、披露函、法律意见书、政府审批申请等。①

如果交易文件由境内投资者准备，则境外律师需要根据法律尽职调查的结果、交易的具体情况来草拟交易文件，通过设置"陈述与保证""先决条件""违约责任"等条款来约束卖方，为境内投资者规避可能的风险。如果交易文件由卖方准备，则境外律师需要仔细审查交易文件，确认境内投资者的利益已经得到充分的保障。

(4) 交易的谈判

并购交易中谈判是非常重要的，买卖双方达成一致要通过谈判，需要不断试探对方的底线，寻找双方潜在的重叠点。这个过程耗时费力，需要很多时间来找到共同点和中间平衡点。在签署交易文件之前，交易双方通常会进行多次谈判，对文件中的商务和法律条款进行协商。境外律师一般全程参与谈判，一方面是针对交易各方在谈判中遇到的问题及时提供法律建议或解决方案；另一方面只有参与了谈判的全过程，才可能将交易各方商定的内容通过法律条款的形式在交易文件中确认下来。此外，律师还可协调和统筹谈判进程，在谈判之前为境内投资者厘清谈判要点，制定谈判战略，并在具体谈判过程中为境内投资者提供谈判建议等。②

---

① 参见张伟华：《跨境并购的十堂必修课》，中国法制出版社 2017 年版，第 318 页。
② 参见杨青：《中国企业境外投资法律实务指南》，法律出版社 2019 年版，第 63 页。

(5) 促成交割条件的满足

交易双方通常会在交易文件中明确约定双方完成交割的前提条件,如通过反垄断审查、通过东道国的国家安全审查等。为了满足交易文件中的所有交割条件,促成交易的完成,往往需要交易各方律师的共同配合。

(6) 与其他中介机构和律师共同为客户提供服务

并购交易律师需要与融资律师合作,让融资律师参与融资文件的起草。除了与融资律师合作,跨境并购交易律师还需要与诉讼律师合作,对并购交易中的股东诉讼或者要求诉讼律师审核交易文件中的相关条款,与其确认如果发生争议这些并购交易文件中条款的写法是否能够达到以后诉讼所预期的效果。当然,并购交易律师还可能与人力资源顾问合作,要求其提供报酬、期权、集体协议等方面的意见;并购交易律师还需要与财税顾问合作,提供税法方面的法律意见。①

(7) 其他服务内容

除了上述事项,律师所做的工作还有其他很多内容。比如:境内投资者作商务决策的时候,向境内投资者提供符合市场惯例的指引或建议;对交易涉及的合规和信息披露提供相关法律、法规的建议,协助境内投资者起草相关公告和文件;对境内投资者、其他专业顾问的意见进行选择和甄别,有选择地把重点反映到文件中去;在上市公司的并购交易中,与代理投票权征集机构合作,审查相关资料;在并购交易涉及政府审批的过程中,协调公关顾问,起草审查与政府往来的文件,协助谈判沟通,完成向

---

① 参见张伟华:《跨境并购的十堂必修课》,中国法制出版社2017年版,第319页。

政府提交的有关承诺文件;保证并购交易符合公司章程等形式要件;负责过渡期的风险管理,负责交割前的海量文件准备和交割日的文件交换、备案和存档;负责交易确定性的管理;应境内投资者的要求去应对不请自来的第三方或更高报价的第三方;参与到境内投资者交易完成之后的整合计划当中去。①

2. 境内律师

与境外律师一样,境内律师在境内投资者跨境并购的过程中也要提供交易架构的搭建、法律尽职调查、交易文件的制作与修改、交易的谈判、促成交割条件的满足等服务。但除此之外,境内律师还可以提供以下服务:

第一,甄选境外律师事务所。一家可靠的境外律师事务所对于境内投资者在境外实现自己的商业目的至关重要。境内律师应根据过往与境外律师事务所的合作经验、律师同行的推荐、《"一带一路"沿线国家法律环境国别报告》、国际权威法律评级机构发布的榜单等方式,结合境内投资者的需求、项目的性质和复杂程度以及交易对手聘请的律师事务所情况等因素,为境内投资者推荐适合、可靠的境外律师事务所。

第二,帮助境内投资者与境外律师沟通。境内投资者往往不懂外文,或者即使语言过关,但却不了解国外的法律文化和工作方式、工作习惯,不清楚如何可以"用好"境外律师,甚至会与境外律师产生摩擦。因此,及时化解双方矛盾,促使境外律师最大限度地为客户提供好法律服务,促成交易双方顺利达成合作

---

① 参见张伟华:《跨境并购的十堂必修课》,中国法制出版社2017年版,第319—320页。

就非常必要,而这一角色最适合的人选就是境内涉外律师。

第三,协调多国律师。在跨境并购中,有时境内投资者需要聘请多国律师来处理不同的事项。境内律师作为项目法律服务牵头人,需要甄选并协调多国律师,共同组建成律师团为客户提供服务。

第四,为境内投资者节省律师费。由于境外律师往往是按小时收费,总额不低,因此,境内律师可以尽量为客户多完成一些工作,从而减少客户向境外律师支出的律师费。同时,在与境外律师沟通小时费率和封顶价的时候,境内律师也可以尽量为客户争取最低的价格。

(四)其他中介机构

除了上述主要的中介机构,根据并购的具体情况,必要时还需聘请其他专业的中介机构提供服务。包括:如果交易涉及美国国家安全审批,可考虑聘请专门的机构对 CFIUS 进行游说;如果交易涉及当地的环境审查,可考虑聘请专门的环保咨询机构;如果交易涉及的媒体反响较大,可考虑聘请专业的公关机构;如果交易涉及的行业比较特殊,可专门聘请行业咨询公司提供行业咨询等。[①]

二、聘用协议

境内投资者需要与律师事务所、会计师事务所、财务顾问等

---

① 参见江苏省上市公司协会编:《上市公司并购重组流程及案例解析(上)》(第二版),江苏人民出版社 2016 年版,第 138 页。

中介机构就在跨境并购过程中提供的服务签订聘用协议,明确约定中介机构的服务范围、服务费用、利益冲突等内容。以下将对聘用协议中涉及的主要内容进行分析。

(一)签字主体

从境内投资者的角度看,在聘用中介机构时,其可能会考虑在设立特殊目的实体的情况下,由特殊目的实体来签署聘用协议,以便达到抵税等目的;另外,境内投资者一般不愿意由母公司签约,而更愿意由下一层级或者更低层级的公司去签署聘用协议。① 从中介机构的角度看,其往往希望由母公司来签约,从而避免子公司没有能力履行聘用协议项下的义务或承担相应责任的风险。

(二)服务范围

由于境内投资者对于各个中介机构在跨境并购中能够提供的服务内容并不了解,因此通常各个中介机构会先向境内投资者提供一个详细的服务范围清单,并由境内投资者在清单中根据自己的需求来选择需要的服务内容。由于服务范围的大小往往与服务费用的多少相挂钩,境内投资者应当在充分了解跨境并购交易的具体情况以及自己的需求的前提下,合适地确定中介机构的服务范围。这样既不会因为确定的服务范围过大而导致支出过多的服务费用,也不会因为确定的服务范围过小而导致自己的需求无法得到满足。另外,服务范围应当尽量约定得

---

① 参见张伟华:《海外并购交易全程实务指南与案例评析》,中国法制出版社2016年版,第118页。

具体明确,如明确约定服务的质量、服务进度安排、服务成果的提交方式、提交时间等,从而避免引发争议。

(三)服务费用

1. 收费模式

在聘用协议中,双方需要明确约定收费模式,即是固定费用收费模式、基础费+奖励费收费模式还是按小时费率收费模式。

(1)固定费用收费模式,是指中介机构对于自己提供的所有服务仅收取一笔固定费用。如采取此种收费模式,应当明确约定固定费用是否包括服务费以外的其他费用(如差旅费、打印费、聘请第三方机构的费用等)。通常而言,中介机构不会愿意将聘请第三方机构的费用包含在固定费用之中,因为聘请第三方机构的费用是难以提前预估的。

(2)基础费+奖励费收费模式,是指中介机构先收取一笔基础费用,在交易成功之后再收取一笔奖励费用。奖励费用可能是一笔固定费用,也可能是收购金额的一定比例。

(3)按小时费率收费模式,是指按照中介机构服务人员的工作时间和每个服务人员的小时费率来计算服务费用。对于工作时间,双方应明确约定如何计算有效的工作时长,譬如是否将服务人员的在途时间纳入工作时间。对于小时费率,应写明各个等级的服务人员(如律师助理、初级律师、高级律师、合伙人)的小时费率。

2. 付款方式

在聘用协议中,双方需要对服务费和其他费用的付款方式进行约定,如约定是一次性付款还是分期付款。另外,无论是采取哪一种付款方式,都需要写明每一笔付款的前提条件。

3. 报价假定

部分中介机构会要求将报价材料中的假定放到聘用协议中作为附件。譬如,当律师事务所的工作内容不太确定但律师事务所又给出封顶报价的情况下,律师事务所往往会要求在聘用协议中加入"参加律师不得多于 3 人、尽职调查时间不超过 3 周、不得要求现场尽职调查"等限制性的假定条件。①

(四)交易的界定

由于服务费用的支付往往与交易的成功相关联,因此对于"交易"的界定往往是双方谈判的重点。从境内投资者的角度来看,应将"交易"限于自己收购目标公司或目标资产的行为,而尽量不要将交易的定义界定得过宽。

(五)利益冲突

为了维护自己的合法权益,境内投资者应要求在聘用协议中加入利益冲突条款,由中介机构保证自己代理的本次项目中不存在利益冲突问题,或者要求中介机构必须事先将可能存在的利益冲突情形告诉境内投资者,由境内投资者选择是否要解除聘用协议。另外,中介机构和境内投资者也可能会在聘用协议中对于"利益冲突"进行界定,即明确何种情形属于协议中约

---

① 参见张伟华:《海外并购交易全程实务指南与案例评析》,中国法制出版社 2016 年版,第 125 页。

定的"利益冲突"。

(六)中介机构的责任

从境内投资者的角度来看,其往往希望在自己依赖中介机构的工作成果作出了错误的决策,并因为该决策遭受了严重损失的情形下,能够要求中介机构赔偿自己的所有损失。另外,中介机构通常会要求在聘用协议中对自己的责任进行限制,从而避免承担过大的风险。譬如,中介机构会要求仅在自己的工作人员存在故意或重大过失时才需要承担赔偿责任,或者要求设定赔偿的最高限额。

(七)工作成果的知识产权

中介机构往往希望在聘用协议中明确约定,自己完成的工作成果的知识产权归自己所有,且境内投资者仅能在聘用协议约定的范围内使用自己完成的工作成果。一般约定如下:

第一,本合同项下由中介机构完成的工作成果的著作权及其他相关知识产权属中介机构单方所有。上述知识产权包括但不限于专利权申请权、版权(著作权)、研究成果署名权、奖项申报申请权、获得报酬权、非专利技术所有权、商誉等。

第二,本条约定归中介机构单独所有的工作成果和知识产权未经中介机构书面同意,境内投资者不得向任何第三方转让或允许第三方使用,亦不得将其用于本合同以外的任何目的。

(八)签约前所提供服务的报酬

在部分跨境并购项目中,可能由于时间紧迫,境内投资者在与中介机构签约之前即要求中介机构提供部分专业服务。在这种情况下,聘用协议中应明确约定签约前所提供服务的报酬的计算标准,从而避免后续引发争议。

(九)尾期费

在部分中介机构的聘用协议中,有所谓的尾期费的规定。这个规定的含义就是,如果境内投资者终止了对中介机构的聘用,而在终止后一段时间内(一般是12~18个月),境内投资者仍然完成了聘用协议中约定的"交易",则中介机构仍然有权获得聘用协议中约定的成功费。对于中介机构来说,如果交易快要成功之前,境内投资者终止其聘用,则尾期费条款可以较好地保护其利益。对于境内投资者来说,一般会要求若在"良好理由"下终止聘用,中介机构无权获得聘用协议项下的成功费。这些"良好理由"通常包括:①中介机构在聘用协议下存在重大违约;②中介机构没有良好地履行聘用协议项下要求其做的工作;③中介机构没有正当披露交易中的重大利益冲突事项;④中介机构本身发生了重大不利变化使得其无法向境内投资者提供聘用协议约定的工作;⑤中介机构所依赖的团队无法继续向境内投资者提供服务;⑥中介机构主动终止聘用协议。①

---

① 参见张伟华:《谈谈投行聘用协议中的几个重要问题》,载 https://mp.weixin.qq.com/s?src=11&timestamp=1680953664&ver=4456&signature=pEcVXulJIgVk-TN2gRzlE5G59TUJ2JvOzOVIoq9wkBotF0sYI－uiHjxsgxyy4o84oPOG﹡4zkGJBXfW－p6cctxV4m82﹡ObfoPwyixxTELngZk01BeatnSv2YrrJrNs2ORg&new=1,访问日期:2023年4月8日。

(十) 保密义务

通常而言,在中介机构为境内投资者处理具体事项之前,境内投资者会要求中介机构对于从其处了解到的保密信息承担保密义务。保密义务可能会直接约定在聘用协议中,也可能会体现在独立的保密协议中。如境内投资者已经和中介机构签署了独立的保密协议,则其往往会在聘用协议中说明,关于中介机构承担的保密义务和责任应以双方签订的保密协议为准。

(十一) 合同的解除权

对于境内投资者而言,其往往希望自己能获得无理由解除聘用协议的权利。对于中介机构而言,其则希望境内投资者仅在具备合理理由(如中介机构存在重大违约、中介机构发生重大不利变化等)的情况下才能解除聘用协议。

(十二) 转让条款

对于境内投资者来说,从保持灵活性、具体费用承担和税务考量等不同角度,一般希望在聘用协议中保留转让权,但限制中介机构权利义务的转让。中介机构则往往要求在境内投资者转让权实现的前提下,境内投资者仍然对原有义务承担保证责任。[①]

[①] 参见张伟华:《海外并购交易全程实务指南与案例评析》,中国法制出版社2016年版,第120页。

(十三)适用法律和争端解决

一般来说,境内投资者希望争取对自己有利的适用法律及争端解决方式,但从中介机构的角度看,中立的适用法律和争端解决方式对其很重要。从实践中看,境内投资者提出的适用中国法律和由中国国际经济贸易仲裁委员会(CIETAC)仲裁的要求一般很难实现,但适用英国法律和由其他国际仲裁机构仲裁一般会被中介机构所接受。[1]

---

[1] 参见张伟华:《海外并购交易全程实务指南与案例评析》,中国法制出版社2016年版,第120页。

第五章
跨境并购的交易流程

一、概述

规范的交易流程为跨境并购的顺利开展奠定了重要的基础。① 跨境并购的交易流程一般可分为一对一谈判流程和招标流程。

在一对一谈判中,准备工作的流程如下:委任中介机构,组建项目工作小组→确立内部工作、沟通和决策机制→初步研究与评估交易可行性→研究财务假设和估值模型→评估交易结构和与对方的沟通渠道→初步论证融资方案→研究交易可能涉及的内外部审批程序和文件清单。后续的交易流程如下:建立交易双方之间的沟通协调机制和工作机制→确定交易流程和进度时间表→签署保密协议→初步尽职调查→试探、明确各方的交易意图和兴趣→签署或确认意向书(Term Sheet)和正式交易文件的主要商业条款→促成交易的整合和公司的持续运营。

在招标中,准备工作的流程如下:委任中介机构,组建项目工

---

① 参见李凌:《中国企业跨境并购区位选择研究》,上海人民出版社2017年版,第129页。

作小组→确立内部工作、沟通和决策机制→初步研究与评估交易可行性。与卖方初步接触的流程如下：评估战略方向及对项目的兴趣→签署保密协议→卖方起草并向潜在买方发放招标文件（包括初步信函、保密协议和信息备忘录）。首轮投标的流程如下：审阅信息备忘录→行业和公司研究，进行初步估值→初步确定融资方案、交易结构和审批程序→分析其他潜在投标人→提交无约束力的投标意向书→卖方对投标进行评估→准备尽职调查→开始审阅购买合同→评估融资选择方案。第二轮投标的流程如下：适当时修正出价→修改收购合同→提交有法律约束力的标书→提交修改后合同→卖方评估投标。① 后续的交易流程如下：签署或确认正式交易文件的主要商业条款→促成交易的整合和公司的持续运营。

虽然每一个跨境并购交易均存在独特之处，但其基本的交易流程是类似的。首先，在并购的准备阶段，境内投资者需要确定收购标的，聘请中介机构，并委托中介机构开展尽职调查。其次，在交易阶段，境内投资者需要与卖方进行商业谈判，签署正式的交易文件，并促成交割条件的满足。最后，在交易后阶段，境内投资者应促成交易的整合和公司的持续正常运营。

---

① 参见江苏省上市公司协会编：《上市公司并购重组流程及案例解析（上）》（第二版），江苏人民出版社 2016 年版，第 114—115 页。

二、各交易流程的注意事项

(一) 并购的准备阶段

1. 确定收购标的

在跨境并购之前,境内投资者需要确定自己的收购标的。在这一阶段,境内投资者需要考虑的主要是收购标的所在国是否存在政治风险。常见的政治风险包括:①东道国政权变更风险。这是指由于东道国的民族、种族、党派团体、宗教团体等多种不同利益集团之间的矛盾冲突,导致东道国内部的政权变动,从而影响收购项目的顺利推进。②国家征收风险。这是指东道国通过给予目标公司一定的补偿方式,将目标公司收归国有。这会使境内投资者跨境并购的目的完全落空。③贪腐风险。这是指目标公司所在国的腐败比较严重,增加了目标公司违反反腐败法律法规的合规风险。境内投资者在了解到东道国的政治风险之后,如果仍决定要收购东道国的目标公司或目标资产,需要通过购买政治保险等方式来规避风险。

2. 聘请中介机构

为了防范跨境并购过程中的各类风险,境内投资者需要聘请一些中介机构,如律师事务所、会计师事务所、财务顾问、人力资源顾问等。关于法律顾问,由于境外收购可能会涉及多个法域法律的适用,聘请的外部律师团队一般会包括多个法域的律师。由于境外律师对境内投资者的思维方式、商业模式等不太熟悉,为了真正把控好目标项目的法律风险,境内投资者通常会委托境内律师作为总法律顾问,由其统筹协调和选聘境外律师。①

3. 开展尽职调查

尽职调查是每一个跨境并购交易中必不可少的环节。通过尽职调查,境内投资者可以对目标公司的主要业务及运营情况、主要债权债务情况、重大合同情况、合规情况等有一个大致的了解,从而了解到本次交易可能涉及的法律风险。在此基础上,境内投资者可以有针对性地在交易文件中设置相应条款,以防范自身的风险。

开展全面尽职调查工作的流程如下:确定尽职调查的范围、形式、时间和程序,组建尽职调查小组,准备尽职调查清单→各中介机构分别开展法律、财务、业务等方面的尽职调查,出具尽职调查报告→审核卖方提供的资料(现场或网上资料室)→现场考察目标公司、管理层访谈、关联方调查(客户、供应商、政府主管机构等)→公司内部确定估值区间及融资计划→确认交易对方的批准程序。②

4. 签署交易前期文件

在签署正式交易文件前,交易双方可能会先签署一些交易前期文件。常见的文件包括:①保密协议。为了防止与目标项目有关的信息泄露,双方可能会签署保密协议,约定任何一方不

---

① 参见杨青:《中国企业境外投资法律实务指南》,法律出版社 2019 年版,第 12 页。

② 参见江苏省上市公司协会编:《上市公司并购重组流程及案例解析(上)》(第二版),江苏人民出版社 2016 年版,第 114—115 页。

得将对方告知的书面或口头信息泄露给任何第三方。②意向书。为了保持交易的热度,记录前期达成的商务安排,交易双方可能会签署意向书,确定一些基础商业条款。

一般来说,在私有公司的并购交易中,签署一个前期文件是较为常见的;但对于上市公司来说,特别是在买卖双方都是上市公司的并购交易当中,要先签署一个交易前期文件之后去宣布的情况是相对较少的,当然也不绝对排除签署交易前期文件的情况。一般情况下,常见的是两家上市公司把所谓的意向书或备忘录、框架协议拿出来双方作一个认可,但双方并不在上面签字。因为对于很多上市公司来说,一旦签字了,可能就需要考虑披露的问题,从而带来不好的后果。①

5. 搭建交易架构

搭建境外投资交易架构是境内投资者进行跨境收购时最容易忽视但却极为重要的环节。因为我国与东道国在法律、文化、税收制度等方面存在巨大差异,所以境内投资者在进行跨境并购时,搭建好交易架构就显得尤其重要。

交易架构或者交易方案的结果一般会影响到整个并购的全过程,包括交易合同或协议的执行和收购完成后目标公司的公司结构及运营管理、管理层的执行力等问题。交易架构越谨慎、合理、全面,其执行力度越大。② 好的交易架构不但可以防范法律风险、有助于进行税收筹划,还可以为后续收付汇、便利退出

---

① 参见张伟华:《跨境并购的十堂必修课》,中国法制出版社 2017 年版,第 156—157 页。

② 参见李健君:《跨国企业油气资源兼并/收购实务指引》,西安交通大学出版社 2014 年版,第 24 页。

等发挥极其重要的作用。搭建境外投资交易架构时需要根据境内投资者的投资目的、东道国与我国是否签署了避免双重征税协定等内容决定在哪些法域设立特殊目的实体及设立多少层特殊目的实体。①

(二)交易阶段

1. 签署正式的交易文件

在完成尽职调查、确定交易架构之后,境内投资者需要与卖方就正式交易文件的内容进行谈判,并在就交易文件的内容达成一致意见之后签署正式的交易文件。常见的交易文件包括:①收购协议。即境内投资者收购目标公司或目标资产的协议。在该协议中,交易双方通过约定收购标的、陈述与保证、承诺、先决条件等条款,将交易的风险与责任在双方之间进行配置。境内投资者应根据尽职调查的结果,在收购协议中设置相应的条款,以防范交易中可能发生的法律风险。②股东协议。即股东之间签署的,涵盖公司内部权力的分配和行使、公司事务的管理方式、股东之间的关系等事项的协议。境内投资者应在股东协议中明确约定自己的权利(如跟售权、一票否决权、分红权、信息获取权等),从而确保自己的投资目的能够得以实现。

交易双方的权利义务均需要按照交易文件进行确定,因此交易文件的起草、谈判、修订和签署至关重要。境内投资者应当依据目标公司所在地的法律、政策和行业管理、对外投资以及外

---

① 参见杨青:《中国企业境外投资法律实务指南》,法律出版社2019年版,第13页。

汇汇出等方面的监管要求,并考虑到不同司法管辖区域的法律冲突来起草、审阅、谈判和修改交易文件。此外,由于目标公司多处于不同国家和地区,可能部分交易文件需要适用不同国家和地区的法律,境外律师在某些情况下对于交易文件进行审阅也是必要程序。①

2. 促成交割条件的完成

在签署交易文件和交割之间的过渡期,为了达成最终的交割,境内投资者应尽量促成交割条件的完成。具体包括:①向境内各部门(发改委、商务部等)办理境外投资核准或备案手续。②保证自己的陈述与保证在交割日仍在所有重大方面保持真实、准确。③取得完成本次交易所需的融资等。

(三)交易后阶段

完成交易合同签署和交割并不是跨境并购交易风险的最后一环。风险防控的最后一环在于交易的整合、持续运营。当交易完成后,资产、公司就属于境内投资者,境内投资者应该对自己收购的资产或公司进行更为深入的认识,制订整合计划,将自身的公司文化基因、商业逻辑、准则等注入目标公司,以达到并购计划设计阶段所预想的目的。从商业角度看,并购后整合的成功才是并购成功的标志。②

---

① 参见李健君:《跨国企业油气资源兼并/收购实务指引》,西安交通大学出版社 2014 年版,第 25 页。

② 参见张伟华:《海外并购交易全程实务指南与案例评析》,中国法制出版社 2016 年版,第 13 页。

第六章
跨境并购中的法律尽职调查

一、尽职调查的目的

从并购角度看,尽职调查指的是在交易合同签订和交易发生之前,对一项潜在并购进行的彻底完整的调查。这个过程要确定所有细节都是正确的,重要信息没有被遗漏。买方有责任进行充分调查,确保这项交易是值得的。

有效的尽职调查是艺术与科学的结合。艺术性在于提出问题的方式,以及提出什么问题和何时提出问题。创造一个出售方完全配合和提供充分披露的环境是尽职调查的能力要求。尽职调查的科学之处在于为出售方准备一份符合客户要求的完整清单,按照系统方法组织和分析出售方提供的文档和数据以及对尽职调查中发现的问题进行风险量化评估。[①]

(一)发现与识别法律风险

一般来说,任何并购交易的尽职调查都是一个寻找真相的过程,即澄清、理解或辨识不那么容易显现的问题。对于跨境并

---

① 参见〔美〕斯科特·惠特克编:《跨境并购与整合:实操指南与案例分析》,郑磊、徐慧琳译,机械工业出版社2018年版,第163—164页。

购而言，尽职调查的主要目的是发现和识别与目标公司或目标资产相关的风险，从而为防范风险打下基础。目标公司或目标资产在技术、商务、财务、税务、公关媒体、人力资源、法律等方面均可能存在一定的风险，法律尽职调查的作用即在于发现和识别法律风险。

境内投资者在收购目标公司或目标资产之前，需要对目标公司或目标资产的潜在法律风险有所了解，譬如目标资产的权属是否存在争议，目标公司是否在劳工、环保等方面存在合规风险，目标公司是否有重大或有负债，目标公司是否涉及诉讼、仲裁等。只有在充分了解目标公司或目标资产的法律风险的基础上，境内投资者才能审慎作出是否收购的决策，或者在后续的交易文件中设置相应的防范风险条款。

(二) 评估法律风险的严重性

发现与识别风险只是第一步，接下来就要考虑如何评估这些风险。风险可以根据其严重程度分为不同的级别。通常而言，可以将风险分为三类：重大不可控风险、较大可控风险与轻量级风险。重大不可控风险被称为交易杀手，这是尽职调查过程中应该特别关注的风险，这些重量级风险如果发生一个就可能导致整个交易的失败。比如，日本三菱地产在收购洛克菲勒中心时，由于三菱地产尽职调查的疏忽，没有发现洛克菲勒中心曾为 10 多亿美元债务提供担保的重大风险，从而为该交易的失败埋下了致命隐患。较大可控风险指的是那些对收购可能会产生较大影响，但只要目标公司采取有效措施，就能控制的风险。最后一类是轻量级风险，这类风险虽然可能对投资带来负面影响,但由于其风险级别低,即使转化为现实风险,也不会对交易形成较大障碍。①

(三)确定控制法律风险的手段

在对尽职调查过程中发现的法律风险的严重程度进行评估之后,需要针对不同级别的法律风险采取不同的应对手段。如存在第一类重大不可控风险,则境内投资者可能会要求卖方在交割之前消除相关的风险,或者选择结束本次交易。出于挽救交易的目的,卖方可能会提出由目标公司及其控股股东对该重大风险提供担保。境内投资者应结合目标公司及其控股股东的资金实力、风险的严重程度等因素审慎考虑是否接受卖方提出的方案。

如仅存在较大可控风险和轻量级风险,境内投资者可以要求目标公司及其控股股东在交易文件中作出充分、完整的陈述与保证,同时约定违约赔偿条款,后续一旦发生目标公司违约情形,境内投资者可依据交易协议约定向目标公司及其控股股东进行索赔。② 另外,如果境内投资者发现的风险是可以量化的,境内投资者也可以要求根据风险的严重程度从交易价格中直接减去相应的金额。

确定控制法律风险的手段的前提是发现、识别法律风险并对法律风险进行评估,而法律尽职调查是实现这一前提的必备

---

① 参见杨青:《中国企业境外投资法律实务指南》,法律出版社 2019 年版,第 122—123 页。

② 参见杨青:《中国企业境外投资法律实务指南》,法律出版社 2019 年版,第 124 页。

要素,因此法律尽职调查对于确定控制法律风险的手段是至关重要的。

二、尽职调查的范围

(一)目标公司的基本情况

对目标公司的尽职调查首先应从目标公司的基本情况开始,主要包括公司主体资格、设立情况、股权和组织结构、历史沿革、分公司等,以了解公司主体和内部治理的合法性,以及对外投资等与拟议交易相关的重大事项,并为后面的分项调查提供基础支撑以及发现问题的线索。

公司主体资格指的是公司名称、住所、经营范围、法定代表人或负责人、经营期限、工商年报情况等基本工商信息。

设立情况指的是公司是否合法设立、出资是否有瑕疵。律师的审查对象是:①公司设立文件,包括发起人协议、股东协议、营业执照以及其他与成立、组建相关的政府批文等;②股东名册、出资证明、资产评估证明、产权登记证、验资报告等,以审查出资的真实情况;如以非货币出资的,应审查用于出资的财产的权属、是否经价格评估、是否转移过户、是否存在被抵押或质押等出资瑕疵;③公司章程及修正案,主要关注章程中的一些反收购或限制收购的特殊条款,以分析收购的难度和收购成本。例如,有些公司章程规定在公司发生兼并、收购等其他可能导致公司控制权转移的重大交易时须经过公司股东绝对多数票的同意方可实施。

针对目标公司的股权和组织结构,律师主要审查:①股权结构及其合法性;②股东(直至实际控制人或一致行动人)基本情况;③是否存在股权争议、是否有股东就股权设置了抵押、质押等权利负担;④股东会和董事会职责、议事规则。

公司的历史沿革指的是改组、兼并、合并、分立、股权变更、重大资产的收购或出售等重大活动,律师应审查这些变更的证明文件以及相关董事会或股东会决议,以审查目标公司是否合法变更。

公司的对外投资情况包括设立子公司、参股(控股)第三方公司、与第三方公司设立合营或联营公司,投资股票、债券及其他金融投资产品。律师应就分公司和对外投资情况进行梳理。①

(二)目标公司的主要业务及运营情况

对目标公司从事的主营业务进行尽职调查,不仅是境内投资者作出投资决定的需要,也是境内监管机关进行备案或审批审查时需要境内投资者通过尽职调查查明的内容。主营业务与运营情况调查,一般需要查明目标公司的经营范围包括哪些业务内容、目标公司的产业链结构、各大板块业务的收益情况及其在整个公司营收中的占比,特别是对于境内投资者从事的主营业务之间的互补性及产生协同效应的可能性。同时,要调查清楚目标公司从事的主营业务是否已获得政府机关的授权许可及

---

① 参见崔海燕:《从斯洛伐克工厂收购项目详述尽职调查内容和要点》,载中华全国律师协会编:《涉外案例精选》,法律出版社2018年版,第194页。

许可是否合法有效。[1] 另外,还要调查目标公司的主要客户和供应商。

关于公司的主要业务及运营情况,可能需要卖方提供以下材料:关于公司主营业务、各业务板块的收益情况的说明;公司的全部产品认证、服务认证和管理体系认证文件,公司所有产品及/或服务适用的质量标准;近年来公司的主要客户和供应商的名单;关于与客户或供应商产生的纠纷的说明;就公司所生产、出售、供应的产品或提供之服务所给予的任何产品/服务担保或保证;任何产品召回记录等。

(三) 目标公司的主要债权债务情况

在境内投资者收购目标公司的股权时,通常也要承接目标公司的所有债权债务。因此,提前了解目标公司的主要债权债务情况,对于境内投资者作出最终的收购决策是至关重要的。对于目标公司享有的债权,境内投资者应委托中介机构查明相关债权是否合法有效,是否存在不能收回的风险等。对于目标公司负有的债务,则须查明相关债务是否存在争议,是否存在或有负债转化为实际负债的可能性,以及实际负债与或有负债对本项目可能产生的影响等。

(四) 目标公司的主要资产情况

无论是在股权收购还是资产收购中,境内投资者均须了解

---

[1] 参见杨青:《中国企业境外投资法律实务指南》,法律出版社2019年版,第133—134页。

目标公司的主要资产情况,从而判断收购标的的实际价值。需要调查的目标公司主要资产可能包括不动产、机器、车辆、设备等。境内投资者需要了解这些资产的权属是否明确,是否存在任何权属争议、权利限制等。为了实现这一目的,境内投资者应要求卖方提供相关的材料,如:①对于不动产,应要求卖方提供所有土地出让合同及任何补充合同,不动产权属证明,与对公司的任何不动产设定抵押、担保或其他权利负担或限制有关的文件,公司向其他方出租不动产的所有租赁合同,与公司所有的不动产相关的建设用地规划许可证、建设工程规划许可证、建设工程施工许可证、建设工程竣工验收备案证明等;②对于机器、车辆、设备等固定资产,应要求卖方提供目标公司所有的固定资产的名册、权属证书、被设定抵押或质押等权利负担的相关文件等。

(五) 目标公司的知识产权情况

近年来,越来越多境内投资者跨境并购是出于产品更新换代、获取高新技术和提升自身品牌知名度的战略目的,以并购方式获取知识产权以及掌握这些知识产权的技术人员日益成为境内投资者"走出去"的常见模式。

因此,在收购知识创新型公司、高新科技公司和一些掌握特殊制造工艺的制造公司时,知识产权往往被认为是被收购方的核心资产,知识产权尽职调查对收购方能否实现收购目的具有重要意义,必要时可聘请专业知识产权代理人参与尽职调查。

针对自有知识产权,律师应审查其权利登记状况、保护期限以及潜在续展障碍、保护范围和保护区域、被宣布无效的风险和（或有）侵权纠纷。须重点审查的是知识产权的权属问题。如某个知识产权是合作开发或委托开发的，首先应审查合同中是否就知识产权的权属作出约定、是否存在权利行使限制条款（如转让或使用限制）等其他不利条款，如无约定则须查询相关法律的规定；授权第三人使用自有知识产权的，应审查授权许可合同，如许可类型是独占许可的（即除被许可人外的任何人都无权使用，包括该知识产权的开发者），应特别指出。如涉及商标，应注意商标的核准注册范围是否覆盖了收购目标经营的所有商品或业务。

针对被授权使用的第三方知识产权，则须重点审查许可合同中被许可的权利范围、权利限制、使用费等条款，以及因权利人将相关权利转让给第三人导致卖家无法行使权利的风险。

商业秘密不似知识产权，仅在有限的保护期限内受法律保护，鉴于此，许多外国公司会选择以商业秘密的形式来保护其知识产权，因此律师还须审查国外卖家是否采取了合理且足够的措施来保护其商业秘密。上述审查对象包括：①国外卖家的商业秘密保护政策及其实施情况；②是否要求员工签署保密协议或竞业限制协议；③是否对发明相应知识产权的员工进行了补偿等。

除了知识产权本身，掌握这些知识产权的技术研发人员也是公司的宝贵财富，因此对国外卖家与这些技术人员签订的劳动合同中的保密与竞业禁止条款也应予以关注。另外还须查阅当地有关知识产权的法律，了解权利转移生效的法定要件，保证境内投资者在收购知识产权后能及时成为合法权利人,并将收购的知识产权投入生产经营。①

(六) 目标公司的重大合同情况

目标公司在日常经营活动中必定会签署大量的合同,要求中介机构人员对公司所有的合同均进行调查是不现实的。因此,调查的范围往往限于公司签订的重大合同。实务中,往往会结合目标公司的业务情况及规模,确定重大合同的标准,如确定重大合同的标的额超过 1000 万元,或超过目标公司注册资本的 10%。审查的重大合同类型主要包括:不动产买卖合同,购销合同,知识产权转让或授权使用合同,合作、合资以及合营合同,与当地政府签订的特许经营合同,贷款合同,担保合同,工程合同,保险合同等涉及公司的生产经营、资金周转、客户渠道等重要事项的合同。但根据收购目标的性质和经营范围,重大合同还可能包括其他合同。比如,收购目标是一家销售代理公司,那么它的重大合同就是独家代理合同;收购目标是一家制造公司,那么它的重大合同就是水电气、原材料等供应商的合同和与客户签订的销售合同。② 对于重大合同,审查的内容主要包括以下几方面:

1. 控制权变更条款

控制权变更条款一般规定合同一方在另一方出现并购导致

---

① 参见崔海燕:《从斯洛伐克工厂收购项目详述尽职调查内容和要点》,载中华全国律师协会编:《涉外案例精选》,法律出版社 2018 年版,第 196—197 页。

② 参见崔海燕:《从斯洛伐克工厂收购项目详述尽职调查内容和要点》,载中华全国律师协会编:《涉外案例精选》,法律出版社 2018 年版,第 198 页。

控制人变更的情况下,有审批权、解约权或要求合同项下款项提前支付应付款项的权利。控制权变更通常包括控股股东变更、重大资产出售、董事会成员变化等事项。① 由于并购活动往往属于控制权变更的一种类型,中介机构应重点审查目标公司的控制权变更是否需要经过合同相对方的书面同意,以及控制权变更可能导致的公司违约责任。若合同中明确约定公司的控制权变更需要经过相对方的书面同意,则境内投资者在收购前必须确保目标公司取得这一同意,否则目标公司将有承担违约责任或提前履行合同义务的风险。

2. 转让条款

在实践中,很多合同都明确约定一方不经对方同意不得转让任何权益。如果是股权转让,由于目标公司不变,一般不触发转让条款。资产收购则通常伴随相关合同的转让,往往需要相对方同意或重签合同。② 因此,如境内投资者拟收购目标资产,须确保提前取得合同相对方的同意。

3. 权利义务条款

境内投资者应委托中介机构审查合同中的权利义务条款,判断其中是否有明显不符合商业惯例的内容。如在审查过程中发现不合常规的非市场条款,应注意避免由此可能导致的

---

① 参见朱宁主编:《跨境并购:合规管理·风险控制·融资安排》,中国法制出版社 2020 年版,第 157 页。

② 参见朱宁主编:《跨境并购:合规管理·风险控制·融资安排》,中国法制出版社 2020 年版,第 157 页。

经济或法律风险。[①]

(七)诉讼及争议情况

目标公司所涉及的诉讼及争议情况可能会阻碍交易的进行,因此需要事先对诉讼及争议的数量、类型、重大性进行调查。一方面,境内投资者应要求卖方提供相应的资料以供调查,包括:①以目标公司为当事人的所有诉讼、仲裁案件的基本情况(包括案由、标的、当事人、起诉理由等);②关于上述案件可能给公司带来的潜在影响的说明;③任何政府机关向公司发出的要求纠正公司的任何违反法律法规的行为的通知、警告信或类似文件;④任何政府机关或法院因公司的任何违反法律法规的行为而对公司作出的任何处罚。另一方面,境内投资者也应当通过公开信息查询与公司相关的诉讼、仲裁案件信息或处罚情况,从而与卖方提供的相关资料进行核对。

(八)环保问题

在对目标公司进行环境方面的尽职调查时,应首先根据目标公司的行业和经营范围以及当地与环境保护相关法律法规的规定,确定目标公司涉及的污染和排放种类以及应取得的政府许可(包括环境影响评估、环境保护设施竣工验收、污染物排放许可等)。再根据以上调查结果,审查目标公司是否具备其生产经营所需的所有环境许可、资质、减排和污染物处理设施。收

[①] 参见张伟华:《海外并购交易全程实务指南与案例评析》,中国法制出版社2016年版,第82页。

购环保不合规的工厂会面临多重风险,一是环境纠纷、申请环境许可、配备处理设施会导致收购成本的增加,二是环境许可申请失败可能导致工厂长期无法投入生产。在一些国家,公司在完成收购后需重新向有关部门申请环境许可,这点应特别注意。

充分的环境尽职调查对象应包括:①环境许可证明、环境影响评估报告及其有权部门的批复、项目竣工环境验收证明、环境认证证书;②环境执法部门等其他有权机关作出的有关环境保护的通知、警告、整改或处罚文件;③目标公司内部环境风险控制制度,以及有关污染物处理和环境管理系统的报告;④目标公司污染物处理成本、环保设备维护和维修成本、设备运行状况和换新需求、排污费支付情况等。

根据经营范围的不同,目标公司的环保风险也不同。比如,建筑、制造、化工、印刷、造纸、燃料等行业面临的环保风险较大,而金融服务、保险等行业面临的环保风险则要小得多。[①]

(九)劳工问题

许多跨境并购项目的失败,都与没有处理好员工和工会的关系有关,且考虑到境内投资者在国际化经验和能力上的欠缺,尽职调查应对劳工问题予以充分重视。

劳工尽职调查应根据收购目标所在国的劳动用工相关法律,并结合目标公司的实际情况展开。具体来说,劳工尽职调查的主要调查对象是:①员工名册,包含姓名、性别、出生日期、部门、劳动合同性质和期限、工资标准、福利、工龄、劳动合同签订

[①] 参见崔海燕:《从斯洛伐克工厂收购项目详述尽职调查内容和要点》,载中华全国律师协会编:《涉外案例精选》,法律出版社2018年版,第201—202页。

次数等,以便对收购目标的基本劳工情况和劳工成本有一个宏观认识;②公司的管理架构及董事、监事和高级管理人员的名单、简历、职权和在外任职情况,以了解公司的管理结构、实际控制人和重要管理人员,为制订留任计划作准备;③公司的劳动合同模板、人事聘用和管理文件及实施情况,对比当地相关法律审查收购目标在劳工方面的合法、合规性;④与员工签订的年金、期权奖励、职工购股等特殊福利的协议,以判断收购后的劳工成本;⑤公司与高级管理人员或核心技术人员签订的保密和竞业禁止协议;⑥劳务派遣情况;⑦向员工提供的社保情况以及所依据的法律法规;⑧近3年至5年内的劳资纠纷、职工伤亡事故(及安置、赔偿办法)、劳动卫生和安全制度及实施状况;⑨跨境并购的,应审查收购目标所在国的劳动与雇佣相关法律,是否存在有关加班、劳动关系解除和遣散费的特殊规定,收购者是否须依当地法律在收购后留任所有员工或支付大笔遣散费;⑩公司与经手重要资产和大额现金、管理仓库的员工是否签订了重大责任赔偿协议;⑪工会及其势力和运作状况,当地有无罢工的传统等。

跨境并购中的劳工风险主要来自两大方面,一是工会势力,二是劳动合同中有关员工待遇、解除劳动关系,以及禁止竞争的条款。在某些国家,工会势力强大,工人习惯在工会的领导下以罢工、游行等方式争取更高的工资和福利待遇,因此律师在尽职调查时应调查当地的工会力量和其中的关键人物,研究当地法律对待罢工的态度,以防收购后被工会以罢工要挟提高工作条件。工会代表工人与公司进行谈判,为工人争取力所能及的最优厚的待遇,并代表工人与公司签订集体谈判合同(Collective Bargaining Agreement,CBA)。集体谈判合同为公司与员工个人单独签订的劳动合同条款设置了最低标准,低于该标准的条款被视为无效。律师应仔细研读集体谈判合同条款,如有任何非常规条款,应及时提请收购方注意。比如,有些集体谈判合同中有苛刻的继承条款(Successorship Clause),限制甚至剥夺了收购者重新谈判并签订集体谈判合同的空间。

大量境内投资者跨境并购经验显示,绝大多数境内投资者在收购完成后无法派出自己的团队全盘接替收购目标的现有团队,仍需依赖现有管理团队和核心员工维持公司的正常经营。因此,律师的一个重要任务就是帮助境内投资者制订人力资源整合方案和挽留计划。律师可根据重要性对员工进行区分,识别关键岗位和关键员工,说明不同员工的人力成本和遣散费标准,帮助境内投资者留住核心人才,裁减冗员。

对普通员工,律师应着重审查公司与其签订的劳动合同中有关工资、年金和福利、劳动关系解除以及遣散费的条款,并对收购方有意裁减和留任的员工,分别量化遣散成本和收购后的人力资源成本。

对高级管理人员,律师应注意其是否受金色降落伞计划(Golden Parachute)的保护。金色降落伞计划,是劳动合同中针对高级管理人员的遣散费条款,在同时满足两个条件时被激活,一是公司发生并购、重组等控制权重大变更,二是高级管理人员非因自身原因被解雇。受金色降落伞计划保护的员工能获得巨额的现金或股权补偿,其本意是防止恶意收购、帮助高级管理人员在收购的变动中平稳过渡,但也会大幅增加收购方的收购成本。律师在尽职调查时应予以高度关注,否则可能在交易后期承受巨额财务损失。

对留任的员工,律师还须关注劳动合同中的不竞争、不招揽条款,从而确保收购完成后卖方不会与收购目标形成竞争关系。①

(十) 保险

在对目标公司保险事项的尽职调查中,主要以与公司有关的财产类的保险项目内容为主,审查收购目标财产的风险安全性及对生产经营的影响。调查对象包括:①目标公司参与的所有保险合同、保险证明和保险单,以了解这些保险的保险期限、费用、险种以及保险金额等信息;②目标公司参与保险的有关保险险种是否充分、合适的报告,以及在这种保险单下有关权利的保留和拒绝赔偿的报告;③正在进行理赔或准备理赔的案件信息。根据目标公司的性质和经营范围,调查范围还应包括公司从事相关业务的保险责任情况。例如,物流运输、海运公司等行业是与保险分不开的,律师应在尽职调查中对已购保险及潜在保险纠纷作出分析判断,及时提出问题与建议,以便在意外发生时减少各方的损失。②

(十一) 潜在交易的政府审批及第三方同意权

首先,需要弄清楚潜在交易的政府审批种类、流程及取得方

---

① 参见崔海燕:《从斯洛伐克工厂收购项目详述尽职调查内容和要点》,载中华全国律师协会编:《涉外案例精选》,法律出版社2018年版,第199—200页。

② 参见崔海燕:《从斯洛伐克工厂收购项目详述尽职调查内容和要点》,载中华全国律师协会编:《涉外案例精选》,法律出版社2018年版,第201页。

式。比如石油资产的转让,是否需要资源国的石油部或者能源部或者议会进行审批;是否涉及反垄断审批或者国家安全审批。其次,需要弄清楚境内投资者自身需要的审批,比如对于上市公司来说,需要弄清楚相关股票交易所的审批规定,以及是否要召开股东大会进行批准。再次,需要弄清楚所有第三方同意权:卖家处置潜在资产或者公司的股权,是否需要其债权人同意;是否需要其股东或其他人同意等。最后,应查明卖方的其他合作伙伴在交易中是否有首次出价权或者优先购买权。查明上述政府审批及第三方同意权之后,这些查明的内容可能会构成交易文件中"先决条件"的重要部分。[①]

(十二)资本市场活动

资本市场尽职调查主要适用于并购交易的主体中至少一方是上市公司的情况。监管规定中有很多限制和要求,这也是需要关注这方面的一个原因。同时,这一类交易涉及承销商和承销,其中所需的知识也并非商业律师的专业范畴。

(1)监管规定。与一般商业事务一样,资本市场活动必须依照公司法和证券法检查企业的过往历史。收购方可能发现被收购企业过去有一笔罚款还未缴付,这可能会引发一场诉讼或者对财务状况产生很大影响。

(2)专业调查。从要调查的范围来看,资本市场尽职调查将聚焦税务、监管规定、员工、法务程序以及市场结构评估。资本市场律师将评估过去几年的年度报告、税务情况和裁定情况。

[①] 参见张伟华:《海外并购交易全程实务指南与案例评析》,中国法制出版社2016年版,第82页。

这项工作是在公司的法务和财务部门配合下进行的。

(3)税务。税务通常是资本市场尽职调查中的一个关键项目。对所有相关的税务流程都要检查,以确认达到合规要求。①

(十三)合规风险

并购交易中的合规风险也是法律尽职调查中一个重要的部分。境内投资者需要了解,目标公司是否在反贿赂、贸易合规等方面存在风险。需要卖方提供的材料可能包括:①关于公司道德操守、反贿赂法律的日常合规控制的说明,包括公司的政策、指导方针和程序、培训和监测要求、内控以及匿名举报等方面的内容;②关于公司内外部律师或内外部非法律人员(顾问、会计师等)进行的,内容涉及公司反贿赂合规纪律的设立和实施情况,以及公司存在的可能违反反贿赂法律情况的审查说明;③关于最近5年来公司的董事会或中高级管理人员关于公司遵守反贿赂法情况的讨论的说明;④公司曾经对反贿赂事宜进行的任何内部或第三方的审计工作的范围和结果;⑤关于公司、公司的任何管理人员或董事,或据公司所知公司的任何雇员、中介机构或其他第三方代表违反任何反贿赂法律或因贿赂政府官员或其他腐败行为受到调查或指控的情况的说明;⑥关于公司向任何政府部门提交,或从政府部门收到的关于任何反贿赂法律的正式或非正式调查、法律程序或执行的文件,包括请求指导、裁决、授权或许可等情况的说明等;⑦关于公司与中介机构签署的协议含有反贿赂条款、审计权条款、可疑行为终止协议条款或其他

---

① 参见〔美〕斯科特·惠特克编:《跨境并购与整合:实操指南与案例分析》,郑磊、徐慧琳译,机械工业出版社2018年版,第169页。

保护公司利益条款的情况的说明;⑧在公司的雇员、中介机构、服务商、供应商和其他商业伙伴涉及向政府机关的销售活动方面,公司对该活动监督的流程;⑨有关推广性费用(如组织会议、研讨会以及推广性活动)方面的政策,财务规定和程序;⑩公司在为非雇员提供报销方面的政策,财务规定和程序等。

三、尽职调查的流程

(一)前期准备

在开展法律尽职调查之前,律师应先与境内投资者就本次收购的基本意向(如收购的标的是股权,还是资产)进行沟通,并据此确定本次尽职调查的重点。此外,律师应根据公开信息对目标公司的基本情况进行初步的了解,并结合境内投资者的收购意向向卖方或目标公司发送第一轮尽职调查资料清单。

(二)尽职调查

在目标公司准备好第一轮尽职调查资料之后,其往往会在网上数据室(Data Room)公布这些材料。通常而言,在网上数据室公布的材料只允许境内投资者查阅,但不允许境内投资者下载。如果境内投资者认为有必要,其还可以进行现场尽职调查。现场尽职调查一般包括在现场资料室查阅、管理层访谈等方式。在这一阶段,境内投资者可以根据目标公司提供的资料以及管理层访谈的结果,不断向卖方或目标公司发送尽职调查补充资料清单。

(三)准备尽职调查报告

在完成尽职调查之后,律师事务所要向境内投资者提交一份尽职调查报告。报告的内容通常包括以下几部分:

(1)主要问题汇总

在这一部分,律师事务所会列举本次尽职调查过程中发现的目标公司的主要法律风险,并提出一些初步的处理意见和法律建议。

(2)详细报告

在这一部分,律师事务所会说明目标公司的基本情况(如股东情况、历史沿革等),并对公司存在的法律风险进行详细的说明。

(3)附件

这一部分主要包括出具报告所依据的法律文件以及一些不适合放置于报告正文中的表格等。

四、尽职调查的方法

(一)审阅书面材料

对于目标公司尽职调查资料的提供场所,实务中分为网上数据室与现场资料室。网上数据室是指目标公司在网上建立数据室,并设置登录账号与密码,潜在投资方在签署保密协议后通过登录该账号查阅数据室中上传的有关目标公司的主要资料。网上数据室会在规定的尽职调查期限内对潜在投资方开放,目标公司会对潜在买方使用数据室资料制定相关规则,比如资料是否可以下载与打印,或者只允许部分下载与打印,或者只允许查阅但不允许下载与打印等。① 境内投资者应当仔细阅读目标公司确立的相关规则以及保密协议的内容,以免在访问网上数据室的过程中违反相关规则以及签署的保密协议。

现场资料室是指目标公司在规定地点(如公司办公室)放置有关目标公司的主要资料,在潜在投资方签署保密协议后,保密协议中获准授权的境内投资者或其委托的中介机构人员可以进入该资料室进行查阅或摘录相关资料。② 有些技术资料由于容量过大,无法在网上展示,只能放在现场供潜在投资方查阅;另外,对于一些比较敏感的法律文件或者协议,由于其不便放在网上展示,也会在现场资料室中出现。现场资料室一般开放给数量有限的境内投资者或其委托的中介机构人员,同时有不许拍照、不许录像,只允许有限记录及摘抄等要求。③

(二)查询公开信息

公开渠道主要包括两类:一类是官方机构网站,另一类是非官方的搜索途径。比如,对一家位于美国某州的目标公司进行尽职调查,可以通过目标公司所在州的州务卿网站查询到有关的基本工商登记信息,以确认目标公司是否在其成立州合法设

---

① 参见杨青:《中国企业境外投资法律实务指南》,法律出版社2019年版,第130页。

② 参见杨青:《中国企业境外投资法律实务指南》,法律出版社2019年版,第130页。

③ 参见张伟华:《海外并购交易全程实务指南与案例评析》,中国法制出版社2016年版,第79页。

立,是否存在信用不良记录以及历史沿革情况;通过美国专利商标局(USPTO)可以查询该目标公司拥有的知识产权情况;通过美国法院电子记录公共访问系统(Public Access to Court Electronic Records)法院案例查询系统,可查询到目标公司是否存在重大诉讼。同时,可通过其他非官方网站,比如通过 Google 等搜索引擎可以查询到有关媒体对目标公司的相关报道。由于公开渠道查询与检索的信息更多的是一些有关目标公司的基础信息,境内投资者还需要使用其他尽职调查手段,对公开渠道查询与检索到的信息进行更为深入的尽职调查,从而发现更多有关目标公司的风险。①

(三) 管理层访谈

在境内投资者通过网上数据室与现场资料室了解到目标公司的相关情况后,其可能对于查阅的资料仍存在许多疑惑。在这种情况下,境内投资者需要委托中介机构与目标公司负责相关事务的管理层进行访谈,从而让管理层澄清和解答中介机构在查阅资料过程中发现的问题。

在进行管理层访谈的时候,境内投资者应要求卖方派正确的人来接受访谈。如果接受访谈的人对于项目并不熟悉,则该受访者可能解答不了境内投资者的问题。另外,境内投资者在管理访谈之前要做好访谈的准备,提前列好访谈的提纲。境内投资者也可以带一个"心理专家",即比较善于观察受访者体态和神情的人员,让"心理专家"通过观察受访者回答问题时的表

---

① 参见杨青:《中国企业境外投资法律实务指南》,法律出版社 2019 年版,第131 页。

现,推断受访者的回答是否真实。①

(四)到相关政府部门进行查询与确认

在判断目标公司是否在环境保护、劳动及雇佣、反贿赂、贸易等方面存在合规问题时,不能仅仅依靠目标公司所披露或提供的相关信息,还要就相关事项到相关政府部门进行查询与确认。譬如,在调查目标公司在反贿赂方面的合规情况时,可以向政府部门确认目标公司是否曾因违反反贿赂法律法规而受到相应的处罚。

(五)实地考察

对于很多并购交易来说,实地考察也是非常重要的,即需要到现场去看看拟并购的资产和公司。譬如,对于从事重工业的公司,境内投资者及其律师要去公司的作业现场考察一下,了解公司的安全环保工作的开展情况、现场作业水平的管理情况等。通过现场考察作出一个判断,对于认识项目有非常大的帮助。②

五、尽职调查的注意事项

为了完成一次成功的尽职调查,需要做到以下几点:

---

① 参见张伟华:《跨境并购的十堂必修课》,中国法制出版社 2017 年版,第 129 页。

② 参见张伟华:《跨境并购的十堂必修课》,中国法制出版社 2017 年版,第 129 页。

1. 设定交易逻辑

交易逻辑应该明确,并且要让参与尽职调查的人了解这是尽职调查的基础。对于战略并购,由于之后会有大规模的整合,境内投资者会关注公司未来的前景;而财务投资中的境内投资者通常关注过去的业绩以及避免法律障碍。

2. 尽职调查结构化管理和团队选择

尽职调查的组织架构图与其他项目管理类似,通常包括三个层次:①尽职调查指导委员会;②尽职调查管理团队;③不同职能的工作小组。

3. 启动尽职调查流程、规定日常工作、设定时间表

为了很好地启动尽职调查工作,应该召开一个启动会议。召开这个会议的目的是协调各参加者、提出所需的工作指引以及定义流程的步骤和范围。

对于一个快速尽职调查过程(7~14天),日常工作应以晨会开始,以便让尽职调查团队明确方向和重点。然后团队分头开始调查工作,每天结束时召开圆桌会议,让每个代表介绍当天的主要发现和对其他工作的影响。

对于一个较长时间的尽职调查来说,基本规则是一样的,但是强度会有所下降,可以将每天会议改为每周一次碰头会。

4. 执行详尽的尽职调查、完成整个流程并形成一个初步并购后整合(PMI)计划

尽职调查团队按照工作顺序收集数据,分析并从中得出以下结果:①交割之后将出现的风险;②可利用的机会或协同效应以及可以快速见效的工作;③在交割之后必须注意的行动项目。

除此之外,最重要的是,需要给出一个"继续/终止"的建议。如果建议是"继续",所有尽职调查的发现应该直接转化成一个初步 PMI 计划。

5. 移交给 PMI 团队

可能出现两种情况。第一种情况是,尽职调查团队也是执行 PMI 的团队。在这种情况下,PMI 团队将进一步评估和分析,这要比 PMI 团队在没有参考和需要从头开始评估所有资料的情况下制订计划好很多。第二种情况是有两个团队,一个负责尽职调查,另一个负责 PMI。在这种情况下,需要进行稳妥的移交。两个团队(尽职调查和 PMI)必须协作。尽职调查团队应该介绍调查结果,提出对后续工作的建议,并移交收集的全部资料和完成的分析。[①]

[①] 参见〔美〕斯科特·惠特克编:《跨境并购与整合:实操指南与案例分析》,郑磊、徐慧琳译,机械工业出版社 2018 年版,第 180 页。

第七章

跨境并购中的保密协议及其要点

保密协议通常是境外投资项目中签订的第一个协议,也是最常见但却最易违约、最难管理、最易被忽略的协议。因此,境内投资者应高度重视保密协议,既要重视对保密协议本身的管理,也要重视对保密工作的管理。①

一、保密协议的基本概念

保密协议(Confidentiality Agreement),又称不披露协议(Non-Disclosure Agreement, NDA),其广泛见于各类交易模式。协议约定在并购交易中,一方告知另一方的书面或口头信息,接收信息的一方不得向任何第三方披露。应该关注的关键内容包括保密信息的定义、保密信息的归属与使用、违约救济等方面。

在跨境并购中,境内投资者通常在与被并购方接触早期即需要签署一份保密协议,这在排他性谈判中比较重要,在采用招投标方式出售的交易中则显得更为重要。②

在招投标流程中,当卖方让其中介机构参与正式的出售程

---

① 参见傅维雄:《赢在全局:境外项目投资从策划到实施》,机械工业出版社2020年版,第31页。
② 参见李健君:《跨国企业油气资源兼并/收购实务指引》,西安交通大学出版社2014年版,第13页。

序时，境内投资者将收到参加收购目标投标程序的电话或邮件邀请。收购者列出收购条件时，卖方中介机构将向境内投资者发出保密协议，境内投资者应保证在整个交易过程中不泄露与收购目标有关的保密信息。保密协议生效后，卖方中介机构才会向境内投资者透露收购目标的信息。

二、保密协议的主要条款

(一) 签署主体

在签署保密协议时，买卖双方都会关注合同的签署主体问题。从境内投资者的角度来看，其会倾向于以境外设立的特殊目的实体作为签署保密协议的主体，从而防范因保密协议发生纠纷而使境内母公司受到牵连。如果境内投资者在决定对目标公司进行收购之前仍未在境外设立特殊目的实体，则境内投资者也会倾向于选择境内公司以外的主体来签署保密协议，从而避免境内公司因保密协议的履行而陷入纠纷。从卖方的角度来看，其往往会要求境内投资者的境内母公司作为签署保密协议的主体，因为其担心特殊目的实体缺乏独立承担法律责任的能力。

(二) 保密信息的定义

保密协议要界定保密信息的范围。保密信息是指一切为披露方拥有的与并购交易相关的且为披露方（或其代表、代理人）披露给接收方的不为外界所知悉的信息。在实践中，通常将以下内容视为保密信息：

(1) 经营管理信息，包括：业务规划与计划、生产经营业绩与财务数据、现有及预期的客户和供应商信息、人力资源资料、管理制度、业务运作文件、广告策略、产品定价、市场分析以及其他类似的信息。

(2) 技术知识信息，包括：技术诀窍与创意、设计、处理流程、技术方案、集成方案、实施计划、咨询报告、计算机程序（包括源程序与目标代码）、产品配方、制造技术以及其他类似的信息。

(3) 保密协议各方正在磋商交易的事实本身。

信息披露方往往会提出，上述信息无论是以书面形式、电子形式来展示，还是由披露方口述给接收方，都可视同保密信息。但是信息接收方一般会反对将口头信息、非书面化信息作为保密信息，并要求信息披露方在构成保密信息的内容上标明"保密"。

(三) 保密信息的例外情形

一般来说，保密协议会明确规定保密信息的例外情形。通常而言，以下信息不应被认为属于保密信息：

(1) 协议签署之前为信息接收方所知晓的信息；

(2) 公众范畴内所知的信息；

(3) 合法地从有权披露信息的第三方获得的信息；

(4) 非经披露而自行研发获得的信息；

(5) 非因接收方的过错造成泄露而成为公众信息。

对于信息接收方而言，如果其想要将某一类信息明确排除在保密信息的范围之外,其应要求将该类信息明确列在保密信息的例外情形之中。

(四)保密信息的归属与使用

为了明确保密信息所有权的归属,保密信息提供方会要求在保密协议中约定,所有由信息提供方披露的保密信息,以及基于保密信息研究和开发衍生的信息的所有权和相关权利应归属提供方所有,且信息接收方不得基于保密信息去研究和开发新的保密信息。通过上述约定,明确了保密信息及其衍生信息的归属。[①]

针对保密信息的使用,保密信息接收方总是希望尽最大可能扩展保密信息的披露范围以及可使用的场合。这具体体现在,接收方希望自己的员工、董事、关联公司、聘请的专业机构的人员(如律师、会计师、财务顾问等)均可以接触保密信息,上述人员对于保密信息的接触均不构成对保密协议的违反。另外,保密信息的提供方则希望尽可能地限制保密信息的披露范围以及可使用的场合。提供方一般会要求限制可接触保密信息的"员工"的范围,要求接受披露的第三方必须在有必要时才能接触保密信息,或者要求保密信息仅能用于与本次跨境并购交易的相关用途。

(五)协议终止后的信息返还和销毁义务

当事人往往还会约定在保密协议终止后保密信息接收方的

[①] 参见杨青:《中国企业境外投资法律实务指南》,法律出版社 2019 年版,第 174 页。

信息返还和销毁义务。在这一方面,保密信息的提供方往往希望信息接收方能够在保密协议终止后及时将自己或其员工、董事、关联公司、聘请的专业机构的人员持有的保密信息返还给提供方,或者立即将持有的所有保密信息进行销毁。虽然上述要求仍属于合理的要求,但在实务中,双方可能会就"如何证明信息接收方已经履行完毕信息返还和销毁义务"产生争议。具体而言,涉及的问题包括:如何证明保密信息已经销毁?是否需要信息接收方出具书面证明保证已经全部销毁?如何证明信息接收方已经将保密信息全部返还给提供方?

如双方当事人对于"如何证明信息接收方已经履行完毕信息返还和销毁义务"的问题未进行明确约定,在信息提供方的保密信息发生泄露,并给信息提供方带来损失的情况下,提供方很可能会以信息接收方未履行保密协议终止后的信息返还和销毁义务为由,要求信息接收方承担损害赔偿责任,从而引发争议。因此,从避免争议的角度上看,双方应在协议中对于协议终止后信息接收方归还保密协议的方式、销毁的方式等内容约定明确。

(六)陈述与保证

相对而言,保密协议中的陈述与保证条款比较简单,通常涉及对保密信息准确性、完整性和合法性的保证:

从保密信息接收方的角度看,其往往要求保密信息提供方应对其提供的保密信息的完整性、准确性和合法性作出保证。在跨境并购中,由于考虑到成本与便利性等因素,境内投资者一般不会到目标公司处获取其提供的保密信息。绝大多数情况下,都是通过虚拟数据室或电子邮件的形式提供电子版本资料。因此,境内投资者会要求目标公司对其提供的保密信息的完整性、准确性与合法性作出保证,以便境内投资者依赖保密信息作出准确的判断。①

另外,信息提供方在保密协议中通常会要求排除保密信息的精确性、完整性方面的陈述与保证。这是基于国际并购交易中买卖双方的精明商人的假设。信息提供方会认为,信息接收方应该能够依靠自身的行业经验、技术实力、商务实力、法律实力去鉴别信息提供方所提供的各类技术、商务及法律信息的精确性及完整性,除非信息提供方故意提供误导性的信息。②

(七)不得引诱条款

在签署保密协议时,信息提供方可能会希望在协议中增加不得引诱条款,即约定信息的接收方在签署保密协议之后,不得对信息提供方的雇员进行招揽。这一条款的必要性在于,一旦信息接收方接触到与信息提供方雇员有关的保密信息(如雇员的技能、工资、业务领域等),其便有可能利用这些信息,并用高薪或高福利来引诱信息提供方的雇员跳槽。如果信息接收方收购目标公司的目的就是获得某些先进技术或经验,则其采取这种挖人方式的可能性将更高。

在谈判这一条款时,信息提供方会要求信息接收方不得引

---

① 参见杨青:《中国企业境外投资法律实务指南》,法律出版社2019年版,第176页。
② 参见张伟华:《跨境并购的十堂进阶课》,中国法制出版社2017年版,第279页。

诱自己的所有雇员,而信息接收方可能会要求将禁止招揽的对象限定在公司高级管理人员或重要人员的范围内。当然,如果是信息提供方的雇员主动希望加入信息接收方的团队中,这种情况通常不受"不得引诱条款"的限制。①

(八)暂停购买条款

暂停购买条款适用于目标公司是上市公司的情形,其基本含义是,在签署保密协议后的一定期限内,未经目标公司允许,境内投资者不得购买目标公司的股份。该条款约定的目的是防止境内投资者利用与目标公司接触或谈判过程中掌握的内部信息而低价购买目标公司的股份,特别是防止境内投资者在与目标公司董事会无法达成友好收购的情况下启动敌意收购。实务中,很多敌意收购开始时都是先与目标公司的董事会进行友好商谈,希望能获得董事会的支持,然后通过董事会向股东会推荐。但是,如果收购方发现通过友好收购的方式行不通,而仍决意收购目标公司,就可能会利用与目标公司商谈或尽职调查的这段时间,悄悄在市场上买进目标公司的股份,并在持股比例达到法律规定的要求后,直接向目标公司股东会发起要约收购,企图通过这种敌意收购的方式达到收购目标公司的目的。如果目标公司是上市公司,为了防止上述情况的发生,其一般都会要求在保密协议中约定暂停购买条款,以防患于未然。②

---

① 参见杨青:《中国企业境外投资法律实务指南》,法律出版社2019年版,第177页。

② 参见杨青:《中国企业境外投资法律实务指南》,法律出版社2019年版,第177页。

(九) 转让条款

信息披露方一般会要求非经书面同意,信息接收方不得转让保密协议下的权利义务。信息接收方一般会要求较为宽松的条款,如将权利义务转让给自身的关联公司可以不经过信息披露方的同意;或约定在信息接收方承担连带责任的情况下,信息接收方有权将保密协议下的权利义务转让给第三方。[①]

(十) 信息接收方的努力程度

信息披露方与信息接收方可能会就信息接收方是尽"最大努力"(Best Effort)保持保密信息的保密性,还是尽"合理努力"(Reasonable Effort)保持保密信息的保密性进行谈判。[②]

(十一) 保密期限

保密期限也是双方当事人谈判的重点之一。由于保密信息接收方从交易中获得的保密信息在交易终止后仍处于保密状态,所以接收方仍需要在交易终止后的一定期限内对保密信息进行保密。对于信息提供方来说,其会希望保密状态持续的时间越长越好;但对于信息接收方来说,其会希望保密状态持续的时间越短越好。

---

① 参见张伟华:《跨境并购的十堂进阶课》,中国法制出版社2017年版,第280页。

② 参见张伟华:《跨境并购的十堂进阶课》,中国法制出版社2017年版,第280—281页。

(十二) 控制权变更

这一条款是指,在信息接收方发生控制权变更(如控股权被新的股东获得)时,信息提供方有权终止合同。这一条款的意义在于避免信息接收方被信息提供方的竞争对手收购时出现保密信息泄露的情形。[1]

(十三) 不绕过条款

有些不规范的中介公司,在得知部分项目信息后,就开始到处寻找潜在买方,但其实这些中介公司往往并不是项目的所有权人或者有权披露人。这些中介公司往往会在保密协议中要求不绕过条款。不绕过条款一般会规定,在签署保密协议后,就保密协议所述项目,信息接收方不得再绕过信息披露方去找任何第三方寻求所述项目的合作机会。如果在协议中发现此等条款,需要非常小心,一定要注意确认信息披露方是否有权披露及信息披露方是不是项目所有权人,或者信息披露方是否采用此条款来锁定信息接收方的商业选择范围及灵活性。[2]

(十四) 独家谈判权

该条款规定了信息接收方在一定期限内的独家谈判权,但实际上很少有卖方在保密协议中愿意承诺给予潜在买方独家谈

---

[1] 参见张伟华:《海外并购交易全程实务指南与案例评析》,中国法制出版社2016年版,第33—34页。

[2] 参见张伟华:《跨境并购的十堂必修课》,中国法制出版社2017年版,第68—69页。

判权,除非潜在买方在本阶段就已报出了有吸引力的购买对价或购买条件。①

(十五)违约救济

信息提供方通常要求在损害赔偿之外,有申请禁令(Injunction)和采取其他救济手段的权利。信息接收方一般有同意损害赔偿与申请禁令的救济,但不同意采取其他救济手段的权利。对于信息披露方申请禁令的前提条件,信息提供方往往要求在其怀疑或者其认为保密信息有泄露时,就有权申请禁令。信息接收方一般会要求在申请禁令的条件中加入合理的标准或者有相当程度的证据或确信的标准。②

(十六)适用法律和争端解决

适用法律和争端解决条款是双方在签署保密协议时需要考虑的重要条款。对于争端解决机构,首先,要确定由哪个国家的争端解决机构来处理可能发生的争议。目标公司往往会倾向于选择本国的争议机构,而境内投资者则会由于对东道国的法律体系并不了解,而希望选择中立的第三方国家或地区的争端解决机构。其次,要确定是由法院还是仲裁机构来处理争议。

对于适用法律,境内投资者在确定该项内容时需要考虑自己对于协议中拟确定的适用法律是否熟悉;若并不熟悉协议中

---

① 参见傅维雄:《赢在全局:境外项目投资从策划到实施》,机械工业出版社2020年版,第32页。

② 参见张伟华:《跨境并购的十堂进阶课》,中国法制出版社2017年版,第279—280页。

拟确定的适用法律,则要审慎接受对方提出的关于适用法律的建议。另外,在约定适用某国或某地区的实体法律时,应注意排除对于冲突法规则的适用,否则会增加双方解决争议的成本。

虽然保密协议中约定的适用法律和争端解决条款不一定会在最终的交易文件中得以沿用,但境内投资者仍需对该条款加以重视。原因在于:第一,交易双方可能会因保密协议发生纠纷而诉诸法院或仲裁机构,若保密协议中约定的适用法律和争端解决条款对境内投资者极为不利,则境内投资者可能会因违反保密协议而遭受巨大损失。第二,在保密协议中确定了适用法律和争端解决条款之后,交易双方在后续过程中可能不愿意花太多时间重复讨论这一基本条款,因此该条款可能会直接被最终的交易文件所沿用。①

三、关于保密管理工作

由于泄密有责任、保密有难度,而且境内投资者往往保密意识弱、管理措施虚、涉密人员多,加上境外项目保密内容广、保密时间长,因此须格外重视保密管理工作。

(一)强化保密意识

要通过保密宣传、案例教育、签订入职保密协议、奖惩考核、严谨的保密管理制度和流程等,让相关人员提高保护企业秘密、执行保密协议的意识,人人都成为保密员。

---

① 参见杨青:《中国企业境外投资法律实务指南》,法律出版社2019年版,第180页。

(二)完善保密管理

要制定保密管理制度,落实保密责任,实现闭环管理;要采取技术防控措施,像国际知名企业一样,连邮件系统管理、文件下载复制管理、密钥管理都要重视,切实加强保密抽查;要做好会议材料管理,控制散发范围,及时回收材料,删除涉密内容。一些企业要求员工在境外工作时,不能将相关书面材料留在宾馆房间(哪怕是撕碎后放在垃圾桶里),不能在餐厅等公共场所谈论项目信息。例如,BP 集团等大企业连发布双方合作的新闻稿都会事先征求合作方的同意,一些境外大型机构对工作电脑的使用也进行了专门的管理。这些都是保密意识强、保密措施到位的表现。

(三)重视保密协议谈判

虽然保密协议是信息提供方主动、信息接收方被动签订的,但仍可以通过谈判力争责权利平等,降低保密难度和保密责任。因此,要积极谈判,争取合理的条款。保密协议的条款中有许多是需要谈判,也是可以谈判的。①

---

① 参见傅维雄:《赢在全局:境外项目投资从策划到实施》,机械工业出版社 2020 年版,第 33—34 页。

第八章
跨境并购中的意向书及其要点

一、意向书的基本概念及特征

意向书（Letter of Intent）是并购各方在交易初期达成的基础约定，包括交易的基本条款和条件，如果在签署意向书之后，交易继续推进，则意向书中的具体内容会进一步充实和细化，并体现在最终的交易文件之中。

从对意向书的一般认识来看，其具有以下几个特征：

一是意向书是缔约过程中产生的。订立合同始于双方当事人开始磋商，终于合同要约、承诺的完成，其间有时会根据情况多次作出意思表示，对已达成一致的事项形成书面文件予以确认。意向书正是合同成立前产生的磋商性、过程性文件，从合同达成阶段上看，意向书的订立一般在正式合同的要约、承诺之前。

二是多不具有或只有有限的约束力。意向书是一种表达初步意图的文件，其起源时是完全不具有约束力的。随着意向书使用领域逐步扩大，其法律效力实现从无到有的变化，有的意向书会有一定的程序或实体上的约束力，特殊情况下甚至与合同产生了同等效力，具有完全的合同约束力。

三是意向书的表现形式多种多样。意向书可以泛指所有前合同协议,从其外在表现形式来看,不一定以"意向书"的名称命名,也可能是备忘录、认购书、议定书、草约、原则性协议、框架协议甚至会议纪要等,但"意向书"的用法最为常见。①

二、意向书的价值

意向书的价值体现在以下几个方面:

第一,双方不得不花费大量的时间和金钱以完成尽职调查及进行谈判和起草正式交易文件。如果双方不能在尽职调查和谈判前达成对交易基本条款清楚的理解,则可能会产生代价较高的错误。因此,双方在承担收购协议的谈判费用之前可以参与意向书的谈判,试图为确保协商成功提供附加保证。

第二,尽管意向书在法律上不一定具有约束性,但在执行时却能产生一种道德约束。特别是当交易双方是大型组织的一部分时,它们会感情化地,更重要的是官僚化地完成这笔交易。在宣布执行意向书后,如果没有一个很好的理由,没有一方会违背它。一份精心起草的意向书会被谈判中的一方重复采用以确立初始立场,以及抵制另一方为夺回失去的立场所作的努力。这份意向书打消了交易双方重新修订长期固定条款的企图,而正是这一企图会导致交易双方在开始交易前就心怀鬼胎。因此,意向书有利于促成交易。②

---

① 参见最高人民法院审判指导案例解析丛书编选组编:《最高人民法院审判监督指导案例解析》(第二版),人民法院出版社2020年版,第362页。

② 参见〔美〕斯坦利·福斯特·里德、〔美〕亚历山德拉·里德·拉杰科斯:《并购的艺术:兼并/收购/买断指南》,叶蜀君、郭丽华译,中国财政经济出版社2001年版,第361—362页。

第三,除了用于确定基础商业条款,意向书还可以用于进行申请反垄断等政府审批、与银行或其他融资机构协商获得融资。

三、签署意向书的流程

在实践中,当确定目标企业之后,并购双方开始第一次接触面谈,境内投资者可能会向境外目标企业发出并购意向书。签署并购意向书的流程具体包括撰写并购意见书、与目标企业初步沟通、与目标企业接触面谈、签署并购意向书等。具体流程如下:

(1)撰写并购意向书。确定目标企业之后,由并购交易牵头部门撰写并购意向书提交经营管理层审核,经营管理层应及时将审核意见反馈给企业并购交易牵头部门。并购交易牵头部门应当及时对审核意见进行整理,修订完善并购意向书。

(2)与目标企业初步沟通。在企业经营管理层认可备选的目标企业情况下,并购交易牵头部门可以开始与目标企业的管理层进行接触,在就并购事项达成意向的前提下,就并购合作相关事项进行初步沟通。

(3)与目标企业接触面谈。根据双方的合作意向,安排首次面谈。双方都对对方有一个初步的了解,最终的目标是讨论通过可能的"经济合作"来"共同发展",为签署并购意向书、确定审慎性调查等作准备。面谈应先从目标企业高级管理人员开始。

(4)签署并购意向书。在就并购事项达成共识的前提下,签署相关的并购意向书。主要条款有:交易标的条款、收购价格条款、先决条件条款、陈述与保证条款、无重大不利变化条款等。①

四、意向书的主要内容

并购交易中的意向书一般包括以下内容:

(一)交易标的

在签署意向书时,境内投资者通常已经与卖方就本次交易的标的达成了一致意见。因此,双方会在意向书中说明拟收购的标的是股权还是资产。如果收购的标的是股权,会写明收购的股权类型(优先股还是普通股)、股权比例、股权数量等内容。如果收购的标的是资产,也会写明资产的具体情况。通常而言,双方在意向书中明确约定交易标的,能够为后续的谈判节省时间,也能使双方获得继续谈判的动力。

(二)收购价格

该条款约定拟收购的价格,包括金额和支付方式。关于收购价格,双方会根据交易的具体情况加以确定。如果目标公司是上市公司,交易双方会根据目标公司最近一段时间的股价变动情况,取一段时间内股价的平均价格作为双方交易的股票价格。如果目标公司是非上市公司,则通常情况下,目标公司会让评估公司对目标公司的股权价值进行评估并出具评估报告以作

---

① 参见罗胜强主编:《企业内部控制精细化设计与实务案例》,立信会计出版社2018年版,第509—510页。

为确定目标公司股权价值的基础，目标公司也可能会根据上年度经审计的财务报表或审计报告载明的目标公司净资产价值为确定其股权价值的参考。如果境内投资者收购的是目标公司的部分资产，则双方会对资产的具体范围作出明确约定，目标公司要聘请评估公司对拟出售资产的价值作出评估，以作为出售资产的价值参考。①

另外，双方也可能在约定收购价格的同时约定一些假设条件，如约定仅当目标公司在某一时点的净资产达到一定的金额，或者对目标公司的尽职调查结果符合一定条件时，境内投资者才有义务支付收购对价。"收购价格+假设条件"的约定模式一方面对收购价格进行明确约定，从而为推进交易提供基础；另一方面也允许境内投资者在假设条件不满足时拒绝付款或者要求调整收购价格，从而具有一定的灵活性。因此，此种约定模式在实践中得到了广泛的运用。当然，如果卖方处于优势的谈判地位，其可能会要求约定一个固定的收购价格，且要求该价格不得根据任何后续情况进行调整。

关于支付的方式，双方会明确约定是通过货币支付，还是通过非货币支付。双方也可能会约定收购价款是分期支付，还是一次性支付。

(三) 交易安排

1. 尽职调查安排

尽职调查的结果在很大程度上会决定境内投资者是否最终

---

① 参见杨青：《中国企业境外投资法律实务指南》，法律出版社 2019 年版，第 192 页。

收购目标公司或目标资产,因此交易双方通常会在意向书中明确约定关于尽职调查的安排。尽职调查一般包括财务、法律、商业、税务等方面。在意向书中明确尽职调查的内容,有利于境内投资者确认自身在议约阶段的权利。在签署意向书之前,境内投资者往往已经对目标公司进行了初步尽职调查,而涉及目标公司的深层次、实质性的信息主要是从意向书签署之后的深入尽职调查中得到。意向书中的尽职调查安排条款主要是约定尽职调查的时间、卖方对尽职调查的配合、卖方披露内容的真实性等内容。[①]

2. 签署正式交易文件的安排

在跨境并购交易中,往往会涉及许多的正式交易文件,如股权/资产收购协议、股东协议、目标公司章程等。交易双方为了推进交易的进程,可能会在意向书中对于每一类正式交易文件的草拟、修订、定稿、签署时点进行约定。

3. 交割的安排

交割的时点是跨境并购交易中一个极其重要的时点。因此,双方可能会在意向书中对于大致的交割时点进行约定,从而督促双方按照该时点的要求有条不紊地推进交易进程。

(四)促成最终交易文件完成的义务

双方往往会在意向书中约定当事人促成交易文件完成的义务。在意向书中,需要明确双方是要"尽最大努力谈判达成最

---

① 参见任谷龙、韩利杰:《海外投资并购法律实务:操作细节与风险防范》,中国法制出版社2017年版,第337页。

终交易文件","尽合理努力谈判达成最终交易文件",还是要"诚实协商"以达成最终交易文件。境内投资者应了解在当地法下各类协商的义务的具体内涵,从而准确评估自己面临的潜在风险。①

(五)交割条件

为了明确完成交割需要满足的各项条件,双方通常会在意向书中对完成交割各方需要满足的条件进行明确约定。这些交割条件主要包括如下几个方面:①境内投资者完成对目标公司的法律、财税等方面的尽职调查,且境内投资者对尽职调查结果感到满意。该条款更多的是从保护境内投资者的角度作出的约定。因为很难对境内投资者对尽职调查结果是否满意的标准作出明确的约定,所以实际上为境内投资者后续退出交易留有敞口。②交易双方对正式收购协议应包含的主要条款,比如交易双方及目标公司的陈述和保证条款、承诺条款、交割条件、补偿条款、无重大不利变化条款等达成一致意见,且签署了正式收购协议。③交易双方通过合理努力获得了相关政府监管机关的审批或备案,包括但不限于境内投资者通过了发改委、商务部门的审批或备案,获得了外汇管理局批准的购汇额度。如果是大型交易,境内投资者与目标公司通过了相关国家的反垄断审查,以及目标公司通过了国家安全机关的审查等。④交易双方按照其

---

① 参见张伟华:《跨境并购的十堂必修课》,中国法制出版社2017年版,第161页。

公司章程规定,已经获得了股东会或董事会对此次交易的审批。①

需要注意的是,意向书中通常不会全面地约定双方完成最终交易的先决条件,该内容将会在正式的交易文件中被详细列举。

(六)排他权

在签署意向书时,交易双方已经达成了初步的收购意向。在此情况下,境内投资者为了增加交易的确定性,可能会要求卖方为自己提供一定期限内的排他权。也就是说,境内投资者希望卖方在排他期内不得主动和其他潜在买方就本次收购交易进行接触。关于排他权条款,有以下几点注意事项:

第一,排他权的约定应当具体明确,从而避免争议。譬如,可以约定:目标公司不得直接或间接通过任何关联方、高级管理人员、董事、代表等招揽、发起或鼓励第三方提出任何有关收购目标公司或其子公司的全部或部分资产、股份的要约或提案,并且目标公司不得参与向第三方投资的交易或处理目标公司或其子公司的任何重大资产或股份。②

第二,排他权通常仅能限制卖方主动与其他潜在买方进行接触,但无法限制其他潜在买方主动接触卖方的情形。因此,若其他潜在买方就本次收购交易主动接触卖方要求谈判,卖方仍

---

① 参见杨青:《中国企业境外投资法律实务指南》,法律出版社2019年版,第194页。

② 参见杨青:《中国企业境外投资法律实务指南》,法律出版社2019年版,第194—195页。

可以与该潜在买方进行谈判。

第三，一般来说，排他权条款对卖方不利，因为其在一定期限内丧失了主动向第三方询价的机会。考虑到机会的丧失，卖方往往会要求境内投资者就排他权的获得向自己支付一定的对价。因此，境内投资者在与境外卖方就排他权进行谈判时，应综合考虑排他权的必要性、卖方索取的对价的数额、其他潜在买方主动接触卖方的可能性等因素，确定是否要求卖方向自己提供排他权。

第四，在实践中，排他期限的约定也是双方谈判的重点，卖方希望排他期限约定得越短越好，而境内投资者则希望排他期限约定得越长越好。从境内投资者的角度来看，如卖方仅愿意提供较短的排他期限（如 1 个月），则境内投资者需要通过其他条款（如约定分手费）来提高本次交易的确定性，维护自己的权益。

(七) 陈述与保证

从境内投资者的角度来看，其往往希望卖方能在意向书中作出许多陈述与保证，比如保证目标公司没有涉及诉讼、不存在劳工问题、没有受到政府部门的调查等。从卖方的角度来看，其一方面希望自己所作的陈述与保证均有"重大""知情"的限制，另一方面也要求境内投资者作出陈述与保证，比如境内投资者有技术能力、有充足的资金、内部已审批通过并购交易等。需要注意的是，意向书中的陈述与保证内容通常是比较有限的，全面详细的陈述与保证条款往往仅出现在正式交易文件中。

(八)费用承担

费用承担条款中会约定交易中可能产生的各项费用的承担主体。交易费用主要包括专业顾问费、交易税费等。当事人既可能约定费用由各自承担,也可能约定费用由一方承担。

(九)无重大不利变化

在具有法律约束力的意向书中,一般会约定收购价款,而收购价款是基于对目标公司拟出售股份或资产价值进行评估后确定的,因此为了确保在排他期内,目标公司拟出售的股份或资产价值不会发生重大变化,境内投资者会要求对目标公司在排他期内不会发生重大不利变化的情形作出约定。哪些属于重大不利变化的情形是交易双方商讨的重点。由于各个交易的具体情况都不相同,所以各个交易中重大不利变化的情形包含的具体内容也会存在区别。通常情况下,重大不利变化包括有关目标公司的财产、资产、业务或其他目标公司或其子公司权益的剥离、出售、转让或以其他方式进行处置,或发生任何在目标公司及其子公司按照以往惯例属于日常业务经营之外的责任或债务。不同于正式交易协议中的无重大不利变化条款,受限于双方的谈判时间和对目标公司情况的初步了解,意向书中的该条款内容相对而言会约定得更加简单。在后续的正式交易文件中,交易双方会对交割过渡期内目标公司无重大不利变化的情形作出更为具体的约定。①

---

① 参见杨青:《中国企业境外投资法律实务指南》,法律出版社 2019 年版,第 196 页。

(十) 保证金或预付款条款

卖方一般都会要求境内投资者在签署意向书后,境内投资者及中介机构尽职调查前支付一笔并购保证金或预付款(大约为并购价款的 5%～10%),如境内投资者不支付该款项,卖方可能不让境内投资者进场开展尽职调查。如境内投资者选择接受该条款,可以通过银行担保方式支付保证金或预付款。①

(十一) 适用法律和争端解决

由于双方当事人可能就意向书中的促成交易完成的义务、排他权等条款产生争议,所以意向书中往往会约定争议的解决方式以及适用法律。如意向书中未明确约定争议的解决方式和适用法律,则在境内投资者的权益因卖方违反意向书的约定而遭受侵害时,其可能要花费大量精力来维护自己的合法权益。

五、签署意向书过程中的要点

对于是否签署意向书,需要买卖双方认真评估签署的利弊。譬如,从境内投资者的角度来看,如果签署意向书,能够保持交易的热度,对前期达成的商务安排能够记录下来,从而避免双方因拉锯时间过长而失去推进签约的动力;但是,签署意向书,也会给境内投资者带来一定的风险,比如对有的条款是否有约束力约定不明而产生争议、被锁定"最大努力"的谈判义务、花费

---

① 参见马瑞清、〔澳〕安迪·莫、〔澳〕珍妮丝·马编著:《企业兼并与收购》,中国金融出版社 2011 年版,第 207—208 页。

了额外的律师费用等。① 交易的买卖双方都需要从自己的角度对签署意向书的利弊进行认真分析,以充分维护自己的利益。

在撰写意向书时,建议要明确交易中的一些基本商业条款,如交易标的、交易对价等。如果意向书中未包括上述基本商业条款,则该交易前期文件将在很大程度上无法发挥作用。

不同于最终的交易文件,由于意向书仅属于交易前期文件,因此双方需要明确表明意向书的性质,否则就会引发争议。具体而言,双方需要明确约定意向书中的哪些内容对双方有约束力,哪些内容对双方没有约束力。通常而言,双方明确约定具有法律约束力的条款包括保密义务条款、适用法律和争端解决条款、费用承担条款、尽职调查安排条款等,而双方明确约定不具有法律约束力的条款则包括完成最终交易的先决条件、陈述与保证等。

---

① 参见张伟华:《跨境并购的十堂必修课》,中国法制出版社2017年版,第155、157页。

第九章
跨境并购中的收购协议及其要点

一、收购协议的基本概念

在完成尽职调查,并与卖方就条款和价格达成一致后,境内投资者必须开始认真准备收购协议。与一般的意向书不同,这一协议是具有法律约束力的文件。如果一方无合法原因未能完成收购事项,则其可能须为所造成的损失负责。

收购协议可以分为股权收购协议和资产收购协议:

(一) 股权收购协议

股权收购协议(Stock Purchase Agreement)是股权收购交易中的主要法律文件,规定交易各方的商业和法律约定,并对交易的风险与责任在协议方之间进行配置。股权收购协议的作用首先是确认协议方的商业和法律交易,其次是在协议方之间分配风险和责任,最后是推动尽职调查和谈判的进程。[①]

(二) 资产收购协议

资产收购协议(Asset Purchase Agreement)是资产收购交易

---

① 参见任谷龙、韩利杰:《海外投资并购法律实务:操作细节与风险防范》,中国法制出版社 2017 年版,第 240 页。

中的主要法律文件。资产收购协议下的卖方通常为目标公司，有时则为目标公司及其关联公司。为转让不动产、动产、知识产权等资产，除了需要签署一份资产收购协议，根据法律规定通常还要签订其他的法律文书，完成特定登记程序。①

二、收购协议的主要条款

（一）鉴于条款

在鉴于条款部分，协议会对交易的背景和原因进行介绍，并明确本次交易是双方当事人的真实意思表示。该部分条款通常缺乏实质性内容。

（二）定义条款

为了避免协议正文对相关专业术语、概念、简称等内容的具体含义产生歧义，收购协议会有专门的定义条款，对正文约定的专业术语、概念、简称等内容进行明确定义。定义条款对准确理解协议条款内容极为重要，由于境外收购中涉及至少两个国家的交易主体，不同国家法律体系存在很大差异，对于同一个专业术语，交易双方可能存在不同理解。因此，为了准确界定相关专业术语的具体含义，很有必要在定义条款中对其具体内涵作出

---

① 参见任谷龙、韩利杰：《海外投资并购法律实务：操作细节与风险防范》，中国法制出版社2017年版，第293页。

明确约定。①

在实践中,收购协议中的重要定义主要包括:

1. 重大不利变化

"重大不利变化"是指目标公司的经营情况在自签署日至交割日的过渡期内发生的重大不利变化。双方签订的收购协议中通常会约定,如果目标公司在过渡期内发生了重大不利变化,则境内投资者有权拒绝交割。因此,买卖双方会针对"重大不利变化"的范围进行谈判。卖方会尽可能地要求缩小"重大不利变化"的范围,境内投资者则会尽可能地要求扩大"重大不利变化"的范围。

对"重大不利变化"的描述一般分为三种方式,第一种是概括性(定性)描述,第二种是定量描述,第三种是把定量和定性结合起来描述。定性就是概括地描述该变化对公司或资产产生了重大不利影响;定量就是规定一定的变化比例,比如20%或者30%的变化。在国际并购交易谈判中,卖方一般不会接受将"重大不利变化"条款进行定量,因为定量在逻辑上会增大境内投资者退出交易的可能性。进一步,卖方一般会要求如下变化不能视为重大不利变化:油价变化,股价变化,国际或者国内经济形势的变化,并购文件所规定的行为、法律法规以及一般公认会计准则的改变,公司的运营结果不及预期,战争,恐怖主义等。②

---

① 参见杨青:《中国企业境外投资法律实务指南》,法律出版社2019年版,第206—207页。
② 参见张伟华:《海外并购交易全程实务指南与案例评析》,中国法制出版社2016年版,第208页。

2. 可赔偿损失

如果一旦违约方出现违约行为,其需要就非违约方产生的所有损失(包括违约方无法预见的损失)承担赔偿责任,则违约方承担的责任可能会过重。因此,双方在收购协议中通常会对"可赔偿损失"进行定义,从而限定违约方在违约时应当承担的损害赔偿范围。一般约定如下:"可赔偿损失"是指一方在违约时给对方造成的损失,包括但不限于非违约方为向违约方主张权利而支出的诉讼费用、仲裁费用、律师费用等,但不包括违约方在订立合同时未预见也不应当预见的损失。

(三) 收购标的

该条款会对收购标的的性质及具体内容作出约定。双方首先会明确约定收购标的是股权,还是资产。如果是股权,则会进一步明确是普通股,还是优先股。如果是资产,则会明确收购的资产是不动产、动产、知识产权,还是其他资产。[①]

(四) 对价

1. 对价的形式

在股权或资产收购中,境内投资者支付的对价可能是现金,也可能是实物。通常而言,卖方在接受实物作为对价时会比较谨慎。

[①] 参见杨青:《中国企业境外投资法律实务指南》,法律出版社2019年版,第208页。

2. 支付方式、时间

境内投资者既可能采取一次性支付的方式,也可能采取分期支付的方式。如果交易涉及的收购价款较高,境内投资者通常会选择分期支付的方式。对于分期支付,双方应明确约定每期收购款的支付时间与金额,否则可能会产生争议。

3. 收购价格的可调整性

在跨境并购中,境内投资者支付的对价可能是固定的,也可能是可调整的。若交易双方在签订收购协议时无法对目标公司的价值进行准确评估,则双方可能会选择通过价格调整机制来确定最终的收购价格。交易双方通常会根据境内投资者对目标公司或其资产的尽职调查结果、双方的资信等因素确定一个初始价格,并根据约定的财务标准在该价格的基础上进行调整。最终收购价格将由初始价格以及根据价格调整机制进行的调整所决定。

价格调整机制所依据的财务标准包括目标公司的营运资本、净资产、净债务、现金、利润和亏损、账面价值等。[①]

理论上而言,价格调整机制对买卖双方都是公平的,是交易双方在交割前后对目标公司的价值未能进行准确评估的情况下,根据目标公司交割前后的实际运营情况对收购价格进行相应调整的机制,这更有利于交易双方促成合作。但在实际交易中,价格调整机制对境内投资者更为重要,因为在未对目标公司进行充分了解的情况下,境内投资者报出的收购价格可能会与

---

① 参见任谷龙、韩利杰:《海外投资并购法律实务:操作细节与风险防范》,中国法制出版社 2017 年版,第 248 页。

目标公司的真实价值存在重大差异,价格调整机制实际上赋予境内投资者在交割前后根据目标公司的实际表现对收购价格进行相应调整的权利。①

(五) 陈述与保证条款

陈述与保证就是协议方就其自身以及目标公司所作的事实陈述。陈述与保证条款是保护境内投资者权益极为重要的条款。即使通过对目标公司进行尽职调查可以对目标公司获得一定程度的了解,能够识别和发现部分风险,但对境内投资者来说,不可能发现目标公司的全部风险。此种情况下,要求卖方对其售卖的目标公司作出充分的陈述与保证就变得极为重要。②

在协议的这一部分,卖方详尽地阐述了目标公司的法律和财务状况,要转移的财产以及卖方完成交易的能力。陈述和保证部分通常用一览表的形式向境内投资者揭示了协议签订日或交割日目标公司所有重要的法律和财务方面的状况。有些陈述和保证与公司的法律状况无关,但也能为境内投资者提供重要的信息。

1. 作出陈述与保证的协议方

在收购协议中,卖方和境内投资者会分别作出陈述与保证。境内投资者所作的陈述与保证主要涉及自己的履约能力,卖方则不仅要针对自己的履约能力作出保证,同时还需要针对目标

---

① 参见杨青:《中国企业境外投资法律实务指南》,法律出版社 2019 年版,第 211 页。

② 参见杨青:《中国企业境外投资法律实务指南》,法律出版社 2019 年版,第 211 页。

公司的情况作出保证。

2. 陈述与保证的维持时间

卖方通常希望仅在交易文件的签署日作出陈述与保证,而不愿意在交易的交割日仍然重复陈述与保证为真;境内投资者则希望卖方在交割日继续重复陈述与保证的真实性。[1] 如果收购协议仅要求陈述与保证在签署日是准确的,那么即使在签约后到交割前发生陈述与保证不准确的情况,卖方也不构成违约。

3. 陈述与保证的内容

在实践中,买卖双方将花费大量的时间和精力来确定陈述与保证的内容,尤其是卖方对于目标公司情况的陈述与保证。此类陈述与保证具体包括以下重要内容:

(1) 公司主体资格及存续的合法性

该类陈述与保证包括:公司是依据某国(该州或地区)法律依法组建、有效存续且具有良好声誉的公司;公司具有拥有和运营其资产、作为承租人拥有租赁物业以及开展业务所需要的所有必要公司权力和权限;公司具有签订、交付和履行收购协议项下义务的所有必要公司权力和权限;公司拥有合法资质,可在其开展业务的各个司法管辖区内开展业务。[2]

只有当卖方对于目标公司的主体资格及存续的合法性作出保证之后,境内投资者才能放心地将目标公司的股权或资产作

---

[1] 参见张伟华:《海外并购交易全程实务指南与案例评析》,中国法制出版社2016年版,第217页。

[2] 参见杨青:《中国企业境外投资法律实务指南》,法律出版社2019年版,第212页。

为自己的收购标的。

(2) 子公司情况

境内投资者可能会要求卖方对目标公司设立的子公司情况(包括但不限于其设立、存续的合法性)作出陈述与保证。一般约定如下：公司是子公司全部股权的唯一合法所有人,任何第三方对该部分股权均无任何权利；子公司所有原股东已有效且不可撤销地将其拥有或持有的股权转让给公司,且无任何与此有关的未清偿债务,所有此类转让都已在相关政府部门进行了及时和定期的记录,所有与此类转让有关的应缴税收均已及时和足额缴纳；子公司均依据其所在司法管辖区法律依法组建、有效存续且具有良好声誉,具有拥有和运营其资产以及开展业务所需要的所有必要公司权力和权限,且拥有合法资质,可在其开展业务的各个司法管辖区内开展业务。[①]

(3) 同意与批准

卖方需对目标公司签署和履行收购协议已取得所需的同意和批准作出陈述与保证。[②] 由于境内投资者没有办法全面了解目标公司是否已取得签署和履行协议所需的所有同意和批准,其往往要求卖方保证目标公司已取得必要的同意和批准,或保证目标公司不需要得到任何同意和批准。

(4) 股权

如收购标的为股权,则卖方需对自己合法持有股权、股权不

[①] 参见杨青：《中国企业境外投资法律实务指南》,法律出版社2019年版,第212页。

[②] 参见杨青：《中国企业境外投资法律实务指南》,法律出版社2019年版,第213页。

存在权利负担等情况进行陈述与保证。一般约定如下：截至签署日，卖方是公司全部股权的唯一合法所有人，任何第三方对公司注册资本或其股权均无任何权利；公司的所有原股东已有效且不可撤销地将其拥有或持有的股权转让给卖方，且无任何与此有关的未清偿债务，所有此类转让都已在相关政府部门进行了及时和定期的记录，所有与此类转让有关的应缴税收均已及时和足额缴纳；卖方所持有的股权不存在任何权利负担，也不存在就股权的任何部分设定权利负担的协议、安排或义务。

（5）无重大负债

在签订收购协议时，作为买方的境内投资者的关注对象通常是，确保在收购目标公司股权或资产后，不会对目标公司未公开的任何重大债务承担责任。这不能同交易完成后境内投资者的经营风险混淆。当境内投资者购买目标公司以后，宏观经济的滑坡、新的竞争的产生、管理职能的失效都是纯粹的经营风险，任何一个明智的购买者都知道这种风险应由其来承担。但是，境内投资者若发现一些隐藏的目标公司负债在交易完成之后陆续显现出来时，其将竭尽全力维护其自身利益。

为了避免在收购完成后因目标公司未披露的重大负债而遭受重大损失，境内投资者往往会要求卖方保证目标公司不存在未披露的重大负债，并且在收购协议中约定相应的违约责任。

（6）资产情况

由于境内投资者开展跨境并购的目的往往在于获得目标公司的资产，其通常会要求卖方针对目标公司资产的状况进行陈述与保证。相关的表述包括：目标公司对本协议中列举的全部资产(包括与该等资产相关的所有结构、固定装置、改进设施和附属设施)拥有所有权并合法占有,且不存在任何产权负担;该等资产的所有权和占有权不受本次出售交易影响,自交割日起不少于两年期间,仍保持其全部效力,另外,也不存在据卖方所知,可能导致该等所有权和占有权在该期间届满或终止的任何事实或情况;该资产处于正常状态,目前不需要任何重大维修,或者任何此类维修无须公司负责,并且不会对该资产的使用产生实质性不利影响。

(7)知识产权

由于许多境内投资者开展跨境收购的目的在于收购目标公司的知识产权,因此其会要求卖方就目标公司所拥有的知识产权权属的完整性、合法性和有效性作出陈述与保证,以确保其收购完成后获得的目标公司知识产权不存在权属和法律上的重大瑕疵,以实现其投资商业目的。[①] 一般约定如下:公司拥有其目前正在使用的所有知识产权的排他性权利;公司对其拥有的知识产权享有有效和完整的所有权,无任何权利负担;公司已采取一切必要行动并支付一切必要费用以持续持有其知识产权;据卖方所知,公司并未以任何方式侵害第三方所有的知识产权,不存在因被指控侵犯第三方的任何知识产权而导致的未决诉讼,也不存在因侵犯第三方所有的知识产权的行为而导致第三方以书面形式正式对其提出的、尚未解决的索赔。

(8)重大合同

为了避免目标公司签署的重大合同给自己带来风险,境内

[①] 参见杨青:《中国企业境外投资法律实务指南》,法律出版社2019年版,第216页。

投资者通常会要求目标公司披露对目标公司的经营、资产价值和负债等产生重大影响的所有合同,而且会要求目标公司以列表的形式列出。为了防止目标公司未披露重大合同而带来的重大风险,境内投资者会要求卖方作出如下陈述与保证:目标公司已向买方披露了全部重大合同;所有目标公司的重大合同均合法有效且可适当履行;公司或任何相对方均不存在重大合同的违约情形。为了避免产生歧义,交易双方对重大合同范围的界定标准非常关键。实务中确定是否属于重大合同一般适用两个标准:如果合同约定了标的额,即以合同的标的额作为评判标准,比如合同的标的额超过目标公司总资产额 5% 或以上的合同视为重大合同;如果合同未约定明确的标的额,但其能否适当履行将会对目标公司的经营、管理和发展产生重大影响(比如其对目标公司的经营范围作出某些限制,或构成对目标公司重大资产的处置,或对目标公司的雇员作出重大补偿等),这些合同也会被归入重大合同的范畴。①

(9)雇员

为了防止出现劳工法律风险,境内投资者会要求卖方就目标公司不存在对于劳动合同的违反、遵守劳动法律法规等进行陈述与保证。通常约定如下:公司始终在所有重大方面遵守其在劳动合同项下的义务,遵守劳动法律法规的所有法定条款,包括所有适用的社会保障法规以及与工作时间、工作场所安全有关的法规;公司对劳务派遣员工的使用一直是合法的,而且不会导致该派遣员工具有公司员工的任何资格,除相关派遣协议明

---

① 参见杨青:《中国企业境外投资法律实务指南》,法律出版社 2019 年版,第 217 页。

确约定外,公司无须向派遣员工支付任何款项;对于在达到退休年龄后仍受雇于公司的雇员,均不得从事可能威胁或损害其健康的体力活动或危险活动;公司对前雇员或前管理人员无任何责任,尤其没有尚未履行的、因违反任何劳动合同或劳务合同而导致的义务,亦无任何未支付的遣散费、违法解除赔偿或工伤赔偿,且无须对任何前员工恢复劳动关系;交割不会导致公司有义务支付任何款项,或出现提前支付给其任何雇员或管理人员、前雇员或前管理人员的款项;公司目前不存在与雇佣有关的诉讼或仲裁,且在过去与雇佣有关的诉讼或仲裁中,无任何未履行的责任;公司没有发生任何罢工或其他形式的公司和雇员之间的冲突,也不存在该等冲突的威胁。

(10)税务

如果目标公司存在税务问题,将会给收购目标公司股权的境内投资者带来巨大的税务风险。因此,境内投资者会要求卖方就目标公司的税务情况进行保证。一般约定如下:公司在其经营的所有司法管辖区内始终遵守所有税收法规;公司已按时、及时缴纳所有税款,并为未来应缴纳的税款预留了充足的准备金;公司已按规定的格式和在允许的期限内,完成并提交了所有申报表和声明,并履行了税收法规要求的所有手续,所有此类申报表和声明始终准确、完整,不含重大错误、遗漏和不准确;公司未订立任何因试图逃避、规避或减少其或其他人的纳税义务而可能被重新评估、驳回或重新评定资格的协议;公司所获得的任何税收优惠均不会被撤回、终止或质疑,且这些优惠都是在符合税收法律规定的情况下获得的;公司未受到与税收相关的任何税务审计或税务调查。

(11) 诉讼和仲裁

如果目标公司面临重大的诉讼和仲裁,则该诉讼和仲裁可能会给境内投资者带来巨大的风险。因此,境内投资者往往会要求卖方保证目标公司不存在任何未披露的未决诉讼和仲裁,也不存在就过去的诉讼和仲裁需要承担的付款义务。对目标公司披露的诉讼或仲裁案件,境内投资者应和境内外法律顾问一起对其可能出现的法律后果及目标公司可能承担的法律责任进行评估,并在收购协议中设置相应条款转移或防范上述风险。①

(12) 遵守法律与许可

境内投资者可能会要求卖方就目标公司遵守相关法律以及获得了经营业务所需要的许可作出陈述与保证。通常约定如下:公司持有所有必要的许可,以便其拥有、占有和使用其资产,开展业务,且所有此类许可均具有充分效力;公司已经根据适用的法律以及与其经营和业务相关的许可证,提交了必要的报告、备案和声明,并且遵守了与该等许可证有关的所有条件和要求;公司始终遵守适用的法律,任何政府机构或其他相关部门均未向公司发出通知,该类通知显示公司被认为违反了适用的法律,或公司是任何待决或未来调查、检查、控制或审计的对象,或有关行政部门正考虑撤销、暂停公司的任何执照或者对任何执照进行不利修改。

(13) 环境

很多境内投资者的境外收购因未对环境保护的合法性与合

---

① 参见杨青:《中国企业境外投资法律实务指南》,法律出版社 2019 年版,第 214 页。

规性可能支付的成本及违反环境保护方面的法律产生的法律后果的严重性有足够重视,导致其在收购后为了满足环境保护方面的合法合规要求而支付了高额的成本,甚至因违反环境保护方面的法律法规而遭受高额的罚款。因此,要求卖方对目标公司在环境保护方面的合规情况作出保证是非常重要的。① 通常约定如下:公司已取得适用法律所规定的所有环境许可证(所有许可证均生效且在有效期内),并在所有重要方面均遵守适用的环境法规及该等环境许可的条款、条件;环境许可完全涵盖公司现时进行的有关活动;在任何情况下,环境许可都不会发生任何修改、暂停或撤销;公司没有收到表明其违反或可能违反任何环境法律或环境许可的通知或其他通信;公司没有参与任何与环境合规有关的诉讼,或成为审计或调查的对象。

(14) 贿赂

境内投资者为了避免在收购目标公司股权后因公司违反境外反贿赂法律而遭受巨大损失,可能会要求卖方对于目标公司及其员工不存在贿赂行为作出陈述与保证。一般约定如下:公司或代表其行事的任何董事、管理人员、代理人、员工未直接或间接地基于获取业务优待的目的向任何人提供任何形式的付款;公司未曾从政府部门收到关于任何反贿赂法律的正式或非正式调查、法律程序或执行的文件。

4. 陈述与保证的作用

首先,陈述与保证可以作为尽职调查的补充。境内投资者

---

① 参见杨青:《中国企业境外投资法律实务指南》,法律出版社2019年版,第214页。

在其顾问的协助下,根据卖方提供以及从其他渠道获得的资料进行尽职调查。由于时间和信息的局限,境内投资者主动展开的尽职调查活动难免有疏漏,因此通常要求卖方作出陈述和保证,对目标公司的股权、财务和经营状况等多方面作出描述、确认和保证,从正反两面获得目标公司及交易各方面的信息,有助于确认尽职调查的发现。①

其次,陈述与保证可以作为交割的先决条件。如果买卖双方将陈述与保证约定为交割条件,则在交易的过渡期(即转让合同签署完至交割前的期间)内,一旦卖方违反了陈述与保证条款,境内投资者即可以拒绝接受交割。

最后,陈述与保证可以作为赔偿的依据。通常而言,为境内投资者提供收购资金的贷款者会要求境内投资者作广泛的陈述和保证以作为其贷款条件。境内投资者为了规避风险,应当将卖方的陈述与保证约定为自己索赔的依据,从而使自己有权在卖方违反陈述与保证条款时请求卖方承担相应的赔偿责任。否则,境内投资者将承担拖欠贷款和由于卖方违约造成的直接损失的双重风险。

5. 关于陈述与保证的谈判重点

(1)陈述与保证的范围

境内投资者在完成对目标公司的尽职调查之后,往往会根据尽职调查的结果要求卖方提供一定范围内的陈述与保证。如果境内投资者通过尽职调查发现目标公司的财务和经营状况等

---

① 参见任谷龙、韩利杰:《海外投资并购法律实务:操作细节与风险防范》,中国法制出版社 2017 年版,第 252 页。

方面仍存在许多潜在的风险,其通常会要求卖方提供范围较广的陈述与保证。

卖方的陈述与保证内容越少,其违反陈述与保证条款的风险越小,交易完成后卖方需要承担赔偿责任的可能性也就越小。相反,如果陈述与保证部分的内容广泛而详细,那么卖方违约的可能性会增大,在赔偿部分为境内投资者所提供的保障程度也会更大。

(2)陈述与保证的限制

卖方为了保护自身利益,通常尽可能在陈述与保证条款中插入"重要""知情"或具有同样效果的词或短语。例如,卖方会声明它披露的仅仅是"重大负债",或它所知的对目标公司有"重大负面影响的事项";对于不存在任何诉讼的陈述与保证,卖方会希望仅保证"据卖方所知,目标公司不存在任何重大的诉讼"。而境内投资者则会希望不存在任何限制,或者存在的限制很少。

(六)披露条款

所谓披露,实际上就是卖方将不符合陈述与保证的事实告知境内投资者,从而使境内投资者丧失索赔基础的行为。在国际并购交易中,是否允许卖方在过渡期内向境内投资者发送披露函以及该披露函能否使境内投资者丧失因该函披露的事实违反陈述与保证而带来的索赔是买卖双方谈判的焦点。针对上述争议,实践中出现了沙袋条款与反沙袋条款。所谓的沙袋条款,就是在交割日前,境内投资者知悉了卖方违反陈述与保证(或承诺)的事实,但仍然选择交割,交割后境内投资者仍然有要求卖方就违反陈述与保证(或承诺)进行赔偿的权利;所谓的反沙袋条款,就是指在交割日前,境内投资者如果知悉了卖方违反陈述与保证(或承诺)的事实,但仍然选择交割,交割后境内投资者无权要求卖方就违反陈述与保证(或承诺)进行赔偿。由于沙袋条款与反沙袋条款的敏感性及买卖双方往往彼此不愿意退步,近来的国际并购交易中,双方有时候会默契地不提这件事情,而将可能引发的相关争议交给仲裁机构或者法院去解决。①

(七)承诺条款

1. 概述

承诺条款是指卖方和境内投资者对在收购协议签署后至交割完成前的过渡期内或在交割完成后的一定期间内可以作出或不得作出的行为进行承诺。该条款是为了防止卖方在过渡期内对目标公司作出某些重大不利行为而对目标公司价值或标的股份价值构成重大减损。②

2. 过渡期内的承诺

(1)业务行为的承诺

为了防止目标公司的价值在过渡期内大幅下降,境内投资者通常要求卖方在该期间内须保证目标公司按照正常商业运营过程运营,且不得作出可能导致目标公司价值下降的行为,如进

---

① 参见张伟华:《海外并购交易全程实务指南与案例评析》,中国法制出版社2016年版,第218—219页。

② 参见杨青:《中国企业境外投资法律实务指南》,法律出版社2019年版,第220页。

行分红、增加债务、签署金额较大的合同、收购资产等。

(2) 查询相关材料

在过渡期内,境内投资者为了及时了解目标公司运营、财务等方面的具体情况,需要查阅目标公司的相关材料。因此,卖方应承诺会促使目标公司允许境内投资者人员进入公司的经营场所查询相关材料。

(3) 取得政府部门的批准

为了完成并购交易,买卖双方均需要获得有关政府部门的批准。因此,交易文件中通常会载明双方取得审批的承诺,以及配合对方取得审批的承诺。

3. 交割日后承诺

(1) 不竞争承诺

卖方通常会承诺在交割日后的一定期间内,不会从事与目标公司存在竞争关系的业务。一般约定:交割日后两年内,卖方不得且应促使其关联方、高级管理人员或董事及其直系亲属(或其配偶的直系亲属)不得:①从事任何直接或间接与公司业务竞争的业务("竞争业务");②受雇于公司以外的从事或将从事在中国境内提供竞争业务而与公司或买方进行竞争的任何企业("竞争者",包括作为该等竞争者的合伙人、股东、顾问或以其他方式参与该等竞争者或与之关联);③向竞争者进行任何形式的投资(包括成为该竞争者的所有人、股东、实际控制人或债权人),或管理、经营、加入、控制该等竞争者;④与该竞争者进行任何业务往来(包括成为竞争者的业务代理、供应商或分销商);⑤为竞争者提供任何形式的咨询、意见、财务协助或其他方面的协助;⑥签署任何协议、作出任何承诺或采取其他任何安排,若该等协议、承诺或安排限制或损害或将有可能限制或损害公司或买方从事其现行业务;⑦为竞争者的利益而与公司或买方争相招募、游说或接触(或试图招募、游说或接触)目前或潜在的公司或买方的客户、代理、供应商及/或独立承包商等,或任何受雇于公司或买方的人士(无论其担任何种职务,也无论其离职是否会构成违约)。

(2)高级管理人员保留承诺

卖方可能会承诺,目标公司原来的高级管理人员将会在交割日后的一定期间内继续在公司任职,从而帮助公司继续经营原来的业务。

(3)交割后服务

卖方承诺在交割后一定期间为目标公司提供约定的服务,通常包括管理、财务及知识产权方面。有时会单独签订服务协议。①

(八)交割先决条件条款

交割先决条件是买卖双方履行其交割义务的前提条件。如果交割先决条件不满足,买卖双方可以拒绝履行交割义务。

1. 境内投资者交割的先决条件

(1)管理层派驻完成

在部分并购交易中,境内投资者可能有向目标公司派驻管理层并接管公司的需求。在此情形下,协议中一般约定如下:

---

① 参见任谷龙、韩利杰:《海外投资并购法律实务:操作细节与风险防范》,中国法制出版社 2017 年版,第 275 页。

①本协议自签署之日起,受让方有权派驻人员接管公司的管理层职位(包括但不限于 CEO、CFO、CTO,公司的各个业务条线的管理人员,包括财务、技术、业务、运营、采购、供应及其他买方认为有必要接管的职位),对公司的资产及业务进行全面接管,包括但不限于保管日常运营所需的印章和证件、银行账户管理权限、对外洽谈并决定签署各类合同和协议、制订及实施经营计划、管理维护委托物业、选择建材施工及各方面供应商、制定及实施人事管理政策及其他相关内部管理政策、招聘和解雇员工等。②交割条件包括前述约定的管理层派驻及交接以令买方满意的方式完成。

(2)政府审批

在并购交易完成前,境内投资者可能需要取得一系列的政府审批,包括投资审批、国家安全审批、反垄断审批等。因此,境内投资者通常会将取得所有必要的政府审批作为交割条件。

(3)陈述与保证

境内投资者通常要求卖方的陈述与保证在交割日仍在所有重大方面保持真实、准确,不存在对于陈述与保证的重大违反。

(4)交易协议

双方已经签署了股权收购或资产收购协议,且卖方已经向境内投资者交付了该协议及其所有附件的原件。

(5)履行承诺

境内投资者还会要求卖方截至交割日仍未对承诺存在违反的情形,卖方则会要求对于该先决条件加上"重大性"的限制。

(6)第三方同意

完成交易所需要的第三方同意(如政府主管机关的同

意)均已在交割日或之前取得,此种同意或许可的证明已经交给境内投资者,且不会对境内投资者可从交易中获得的利益产生任何不利影响。

(7)内部批准

本次交易已经获得公司的股东会决议和董事会决议的审批,公司应当将相关决议的完整原件交给境内投资者,且该等决议的内容和格式应当令境内投资者满意。

(8)无特定政府命令

任何政府部门均未制定、通过、发布、实施或会导致本次交易不合法或另外限制或禁止本次交易的任何政府命令。

(9)无诉讼

不存在针对目标公司已发生或可能发生的诉求,并且该等诉求旨在限制本次交易或对该等交易的条款造成重大改变,可能致使该等交易的完成无法实现或不合法,或不宜继续进行该等交易或可能对目标公司或其业务构成重大不利影响。

(10)无重大不利变化

目标公司的业务、运营、资产、财务或其他状况、前景没有发生重大不利变化,亦不曾发生单独或共同造成重大不利影响的一项或多项事件,并且合理预期不会发生可能单独或共同造成重大不利影响的该等事件。

(11)尽职调查

境内投资者已经对公司进行业务、财务、法律、经营状况方面的尽职调查并对尽职调查结果满意。

(12)如实披露

公司已经向境内投资者如实披露截至交割日的公司的负债

和或有负债情况,并且经境内投资者书面确认。

(13) 工商登记

目标公司的股权已经过户至境内投资者名下并且办理了工商变更登记;境内投资者指定的董事、法定代表人、总经理和监事已经担任公司的相关职位并完成工商备案。

(14) 完税凭证

公司应承担收购协议下本次交易的所有税费,如按照相关法律规定或主管税务部门要求应当在交割前完成纳税申报义务的,则该等义务已经完成且相关证明文件已经交给境内投资者。

(15) 交付资料

与运营公司相关的公章、财务账簿、银行账户等物品和资料,已经以令境内投资者满意的方式交给境内投资者或由境内投资者指定的代表进行管理。

(16) 法律意见书

卖方或目标公司应在境内投资者支付收购价款前,向境内投资者交付一份由具有投资目标国合法执业许可的律师事务所出具的关于收购协议和拟议交易在程序与实体内容方面均符合适用法律规定的法律意见书。该项承诺旨在保证拟议交易符合适用法律的规定,无论是交割程序还是实体内容,均不存在违反适用法律的规定。这是从保护境内投资者利益的角度提出此要求。实务中,考虑到交割时限要求和节约成本,很多情况下境内投资者放弃了该项要求。①

---

① 参见杨青:《中国企业境外投资法律实务指南》,法律出版社2019年版,第226页。

2. 卖方交割的先决条件

(1) 陈述与保证

卖方可能会要求境内投资者的陈述与保证在交割日仍应在所有重大方面保持真实、准确,不存在对于陈述与保证的重大违反。

(2) 政府审批

卖方可能也会将本次交易已获得国家安全审批、反垄断审批等政府审批作为自己的交割条件。

(3) 内部批准

本次交易已经获得境内投资者的董事会或股东会的批准,且境内投资者已经将相关决议的原件交给卖方。

(4) 无重大不利变化

境内投资者的业务、运营、资产、财务或其他状况、前景没有发生重大不利变化,亦不曾发生单独或共同造成重大不利影响的一项或多项事件,并且合理预期不会发生可能单独或共同造成重大不利影响的该等事件。

(5) 融资到位

境内投资者已经获得充足的融资,足以支付股权转让或资产转让的价款。

(九)交付文件的义务

交易双方有时会在协议中明确约定交割完成后目标公司和境内投资者需向对方交付的文件。目标公司向境内投资者提交的文件通常包括:①股份或股票凭证,明确收购的股份或股票是否存在禁售期等权利限制情形,以及股份或票据已依约完成注册登记的证明;②目标公司出具的其已满足收购协议约定的各项交割条件的证明等。境内投资者向目标公司提交的文件通常包括:①其出具的已满足收购协议约定的各项交割条件的证明;②已按交易文件约定支付了收购价款的凭证等。①

(十) 协议终止条款

终止条款规定了双方当事人有权终止协议的情形。除双方当事人协商终止的情形之外,收购协议通常仅在一方存在严重违约时才会赋予非违约方单方终止协议的权利。

(十一) 赔偿条款

1. 概述

赔偿条款约定了一方违反收购协议中的特定内容时应对其他方的损失承担的赔偿责任。一般适用赔偿条款的情况包括:①违反陈述与保证条款(Breach of R&W);②违反承诺条款(Breach of Covenant);③特定情况下的第三方索赔,比如知识产权侵权、产品缺陷责任、环境责任、税务、诉讼等。适用赔偿条款的一大优点就是在后续的诉讼中无须证明因果关系等传统违约损害赔偿责任的要件。②

2. 赔偿的限制

双方在收购协议中通常会对卖方的赔偿责任进行一定的限

---

① 参见杨青:《中国企业境外投资法律实务指南》,法律出版社 2019 年版,第 209 页。
② 参见张伟华:《海外并购交易全程实务指南与案例评析》,中国法制出版社 2016 年版,第 220 页。

制。具体的限制包括以下几方面:

(1)索赔的有效期。卖方通常希望境内投资者必须在一个较短的时间内提出索赔请求,否则即丧失索赔权。境内投资者则希望自己索赔的有效期比较长。对于一般的陈述与保证以及承诺的索赔,双方通常约定索赔请求须在交割后的 12 个月至 24 个月之内提出。但是,对于重大事项(如税务、环保、劳工等事项)的陈述与保证以及承诺的索赔,其索赔的有效期则会更长。[①]

(2)索赔的金额。这方面的限制主要包括两种方式:第一,约定索赔的最低金额。即损失额度没有达到最低金额的,则不允许境内投资者提起索赔。[②]譬如约定:卖方无须赔偿根据本协议确定的单笔金额低于人民币 25000 元的任何损失。低于该最低标准的任何损失,不应引发本条项下的赔偿。第二,约定最高限额。即将境内投资者所能索赔的最高金额限制在一定范围内,从而避免卖方承担过大的风险。譬如约定:在任何情况下,卖方根据本条可能被要求赔偿的损失总额不应超过买方向卖方实际支付的购买价款的金额。为明确起见,若任何部分购买价款确定的日期迟于卖方按照本条赔偿损失之日,则应相应地重新评估赔偿上限。

(3)扣减金额。譬如约定:卖方承担的赔偿金额中将扣除如下金额:目标公司或买方因引发索赔的事项而实际获得或实

[①] 参见张伟华:《海外并购交易全程实务指南与案例评析》,中国法制出版社 2016 年版,第 221—222 页。

[②] 参见张伟华:《海外并购交易全程实务指南与案例评析》,中国法制出版社 2016 年版,第 222 页。

现的任何利益的金额,直接由债务、税收的任何减免、节省或收回而产生的任何利益的金额,任何保险单项下的任何付款的金额,以及因目标公司或买方提起的任何诉讼或达成的协议而获得的任何赔偿或补偿的金额。如果买方在卖方支付赔偿金后的某一日期才被告知根据本条款应扣减的金额,买方应立即向卖方偿还该等金额。

3. 索赔的程序

双方通常会详细约定境内投资者索赔的程序。一般约定如下:①如果发生可能导致索赔的事件,买方应在获悉该事件之日起20个工作日内,通过挂号信(附回执以便确认卖方代表收悉)或类似的可确认收悉的方式通知卖方("索赔通知")。索赔通知中应合理详细地说明索赔的性质,在可行的情况下说明索赔金额并提供支持索赔的相关文件。如果无法在索赔通知中说明索赔金额,买方承诺在索赔通知日期后尽快向卖方提供索赔金额的合理估计。各方明确同意:在任何情况下,买方不遵守上述期限不会导致买方丧失获得索赔的权利。②自索赔通知送达之日起,卖方将有权获得所有其认为可能对其调查该事项、维护其利益有用或必要的、与索赔有关的文件副本。③卖方自收到索赔通知之日起30个工作日内,将其有意提出异议的任何意见或事项通知买方(以下简称"争议通知"),但如因买方需对第三方作出回应而要求卖方提前答复的,卖方应尽最大努力于买方在索赔通知中提出的期限内作出回应。④在买方收到争议通知后15个工作日内,买方和卖方将尽力对索赔的存在和金额达成一致意见。如果在买方收到争议通知后60个工作日内未能达成协议的,则按照争端解决条款处理。

(十二) 交易保护条款

常见的交易保护条款包括以下几类：

1. 业绩目标付款

如果境内投资者对于目标公司在交割日之后的盈利能力有所怀疑，其可能会要求降低首付款的金额，而将剩余的收购款设置为"业绩目标付款"：仅当目标公司在考核期内实现了约定的经济指标，境内投资者才有义务支付业绩目标付款。但从卖方的角度来看，由于其在交割日之后即无法完全控制目标公司，则往往会要求境内投资者在考核期内按照和过去的经营模式相匹配的方式继续经营目标公司，从而减少自己无法获得业绩目标付款的风险。因此，交易双方会在考核期的长度、考核期内目标公司的经营方式等方面展开谈判。

2. 保护性退出

常见的有融资退出，即境内投资者在未融到并购资金的情况下，有权退出；尽职调查退出，即境内投资者在签署交易协议后，继续进行尽职调查，如果目标公司或者目标资产有重大问题，则有权退出。一般来说，国际并购交易中，在签署交易协议后很少有卖方愿意给予境内投资者尽职调查退出的权利。[1]

3. 不招揽承诺

不招揽承诺是指卖方向境内投资者作出的在签约后到交割前不主动招揽其他竞争性投标的承诺。该承诺具体包括：

---

[1] 参见张伟华：《海外并购交易全程实务指南与案例评析》，中国法制出版社2016年版，第224页。

禁止卖方招揽竞争性投标、禁止卖方向第三方提供与目标公司相关的信息或与第三方就收购目标公司的股权或资产进行谈判等。

一般约定如下：卖方同意，未经买方事先书面同意，自本协议签署之日起直至交割日，卖方及其任何关联方，以及上述各个主体各自的代表均不会招揽、发起、考虑、鼓励或接受任何主体提出的关于下述事项的提议或要约：①取得或购买目标公司的全部或任何部分的股权，或取得或购买目标公司的资产；②与目标公司进行任何兼并、合并或其他业务联合；③与目标公司进行资本重组、结构重组或任何其他非正常的业务交易，或就前述事宜参与任何讨论、交谈、谈判或其他交流，或向任何其他主体提供与前述事宜有关的任何信息，或以任何其他方式配合、协助或参与、鼓励任何其他主体试图进行前述事宜的任何努力或尝试。卖方自身应当立即停止，并应促使终止所有现有的、与任何主体在本协议之前就前述任何事宜开展的讨论、交谈、谈判以及其他交流。如果任何主体作出与前述事宜有关的任何该等提议、要约或就前述事宜进行任何询问或其他接触，卖方应当立即通知买方。

4. 匹配权

匹配权即约定如目标公司或卖方在交割前收到任何竞争性的报价，目标公司或卖方需要告知境内投资者，境内投资者在收到通知后一定时间内有权决定提高收购价格、优化收购条款和条件，以便与竞争性的新报价相匹配或超过竞争性报价。

5. 托管账户

在部分交易中，境内投资者可能会要求在托管账户中扣留一部分金额,用于支付将来因卖方违约而需要支付的赔偿金。卖方通常会对这一提议表示反对。交易双方将会就是否允许境内投资者扣留一定金额、扣留金额的额度以及托管费用的支付等问题进行谈判。

第十章

跨境并购中的股东协议及其要点

一、概述

股东协议是股东之间签署的,涵盖公司内部权力的分配和行使、公司事务的管理方式、股东之间的关系等事项的协议。其通常具有如下特点:首先,在股东协议的有效期内,该协议一直是股东之间关于如何管理公司的纲领性文件,将一以贯之地处理各方股东与公司之间的关系。其次,股东协议是股东之间确认权利义务的大宪章,是实现股东各方商业目的的文字载体。只要股东协议不违反相关法律法规的强制性规定,股东之间可自由地约定彼此之间的权利义务。最后,股东协议也是股东保护自身权利的武器,是控制公司治理中代理人风险的重要手段。在许多情况下,股东共同设立的公司也是股东协议的签署方,尽管公司往往是通过董事会、管理层对股东义务等内容进行设定,但股东协议中有时也会直接对公司规定相关义务,比如提供信息的义务、接受审计的义务等。①

---

① 参见张伟华:《海外并购交易全程实务指南与案例评析》,中国法制出版社2016年版,第277—278页。

二、股东协议中的主要条款

(一) 优先要约权

优先要约权是指在一名股东想要对外转让股份之前,其必须首先向其他股东发出出售股份的要约,仅在其他股东明确表示拒绝购买或者在一段时间内未作出回应的情况下,拟对外转让股份的股东才能够和第三方进行谈判并达成交易。

(二) 优先购买权

优先购买权是指拟转让股权的股东在和第三方达成交易之前,需要将达成的条件(包括价格、对价的形式等)披露给公司的其他股东,其他股东有权在相同条件下与拟转让股权的股东达成购买该股权的交易。为了避免争议,股东协议中需要对其他股东行使优先购买权的期限、是否需要就所有拟转让股权行使优先购买权等内容进行明确约定。一般约定如下:

(1) 如拟转让股权的股东("转让方")欲向第三方转让其全部或部分股权的,应至少提前 30 天向其他股东提供书面通知。该通知应载明:

①其希望转让的股权(包括该股权占公司注册资本总额的比例);

②拟议受让人的身份(包括受让人是法人的情况下,其实际受益人的身份)("受让人");

③转让的条款和条件(包括价款和支付方式、时间表等)。

该通知应构成转让方的陈述和保证:就转让方所知,受让方的要约是基于善意作出的要约,且该受让方独立于转让方(除非另有特别规定并经其他股东同意),且所提供的价格是真实的。

不符合上述要求的任何通知均被视为无效通知。

其他股东作为非转让方应享有优先购买权,有权购买书面通知中所载的转让方的全部股权("拟转让股权")。

(2)如非转让方选择行使其优先购买权,非转让方应在收到通知的30天内,书面通知转让方其有意购买全部或部分拟转让股权。非转让方未在收到通知的30天内答复的,应被视为同意转让。

(3)已行使优先购买权的非转让方应在发出其行权通知后30天内,按照通知中规定的条款和条件(或者约定的任何更加优惠的条款)购买该等股权,但如果非转让方选择仅购买拟转让股权的一部分,则已行使优先购买权的所有非转让方选择购买的合计部分应不低于拟转让股权的100%,否则,任何非转让方均不得被视为有效行使其优先购买权。

(4)若非转让方同意拟议转让[或者因未按照前述(2)规定的条件行使其优先购买权被视为同意转让],则在非转让方明确通知其同意转让之日后90天内,或者在30天行权期届满之日后90天内,转让方应有权向受让人转让其股权。但是,转让价格应等于或高于通知规定的价格,转让条款和条件对受让人而言不得比通知规定的条件更加有利和优惠。

该转让应在90天期限内完成,但办理必要的政府批准(如有)导致的正当延误除外。如未在90天期限内完成转让,则除上述原因外,转让方不得向受让人转让其股权。

(三)优先认购权

与优先购买权不同,这一权利针对的是目标公司未来新发行的股份,而非现股东转让的现有股份。该权利允许股东按其持股比例,在日后公司新发行股份的时候认购新股,其目的是保护现有股东,以避免其持股比例在未来股份发行后被稀释。该条款通常包含:确认授予股东的优先认购权、认购价格(通常与公司拟发行股份价格一致)、限制(通常向员工、顾问发行的新股不受制于优先认购权)、行权机制以及终止条款(如在公司首次公开上市后,股东将丧失优先认购权)。[1]

(四)卖出和买入期权

卖出期权是指当公司的股票价格低于限定价格或公司出现符合约定的条件时,新投资股东有权将其持有的公司股票或股份出售给原股东的行为,其赋予新投资股东在无法知晓公司某些重大风险和对公司发展前景不太确定的情况下有权要求原股东按约定价格购买其股份的选择权。[2] 买入期权则是指当公司运营一段时间后,或者发生约定事由后,一方股东可以在一定期间内以约定价格购买其他股东的股权。譬如,新投资股东和原股东可能就"卖出和买入期权"约定如下:

---

[1] 参见任谷龙、韩利杰:《海外投资并购法律实务:操作细节与风险防范》,中国法制出版社2017年版,第345页。

[2] 参见杨青:《中国企业境外投资法律实务指南》,法律出版社2019年版,第290—291页。

（1）双方同意并承诺，在 2025 年 1 月 1 日至 2025 年 6 月 30 日（"卖出和买入期权期间"），新投资股东有权向原股东出售且原股东有权向新投资股东购买新投资股东持有的全部股权。

（2）任何一方应在卖出和买入期权期间以书面通知的方式行使卖出和买入期权。新投资股东将其全部股权转让给原股东应在任何一方发送上述书面通知后立即生效，条件是原股东向新投资股东支付了本合同约定的购买价格。

（3）新投资股东应立即将上述股权的所有权根据行使卖出和买入期权后作出的任何决定完全转让给原股东，包括所有附带的或由此产生的权利，原股东有权获得公司可能分配的任何分红、财产、股息，并且各方应立即采取一切必要行动，向审批机关登记转让。

（五）强卖权

强卖权是指在新投资股东未来拟将自己持有的股份全部或部分出售给第三方时，有权强制目标公司的原股东与其一起将持有的目标公司股份转让给受让方。这一权利设置的意义在于，许多受让方可能仅希望收购目标公司的全部或大部分股权，若赋予新投资股东强卖权，则可以增加新投资股东未来退出目标公司的可能性。

强卖权条款中通常会对新投资股东行使强卖权时的通知义务、被强卖股份的股东须出售的股权比例等内容进行约定。一般约定如下：

（1）如果新投资股东拟将其全部或部分股权（"拟出售股权"）转让给第三方，且原股东未有效行使其对整个拟出售股权的优先购买权,则新投资股东有权要求原股东以与新投资股东和预期受让方之间就转让拟出售股权所达成的协议相一致的价格和条件,将其全部或部分股权转让给预期受让方。

(2)新投资股东应至少提前30天向原股东发出行使强卖权的书面通知,并载明以下内容:其希望转让的股权数额(包括该股权占公司注册资本总额的比例);预期受让方的信息;转让的条款和条件(包括转让价款和支付方式、支付时间等)。

(3)原股东有义务向预期受让方出售的股权数量=新投资股东拟出售的股权数量×(原股东在行使强卖权之日的持股比例/新投资股东在行使强卖权之日的持股比例)。

(4)如果新投资股东行使强卖权,原股东有义务最迟在新投资股东转让拟出售股权生效之日,将其全部或一定比例的股权同时转让给预期受让方。

(六)跟售权

跟售权是指当目标公司的原股东拟部分或全部出售其股份时,新投资股东有权按对应比例向潜在买方出售其持有的部分或全部股份。实务中,境内投资者投资目标公司主要是看重目标公司的原股东或管理团队,如果目标公司的原股东都打算转让其持有的股份,那么对境内投资者来说则意味着失去了继续持有股份的动力。在此情况下,境内投资者有权要求向潜在购买方按原股东出售股份比例出售其部分或全部股份,从而实现退出。在约定跟售权条款时,需要对目标公司原股东的通知义务及境内投资者同意或拒绝行使共同出售权的情形及其法律后果作出明确约定。① 一般约定如下：

(1) 如原股东拟出售其持有的目标公司股份，则其应及时通知新投资股东。在新投资股东提出跟售要求的情况下，原股东应确保并促使受让方同时获得全部或部分新投资股东的股权，其价格和条件与原股东和预期受让方就转让原股东股权达成的协议相同。

(2) 新投资股东可跟售的股权数量＝原股东拟出售的股权数量×(新投资股东在行使跟售权之日的持股比例/原股东在行使跟售权之日的持股比例)。

(3) 新投资股东应在收到相关通知后 30 天内将其行使跟售权的情况(包括是否行使跟售权、拟向受让方出售的股权比例等)通知原股东，否则，新投资股东应被视为放弃行使跟售权的权利。

(七) 公司治理

公司治理主要考虑的是股东会、董事会、管理层各自权力的分配。如何保持公司经营的相对独立性，如何对董事会授权，如何激励管理层自主决策，如何保护股东的利益等，均需要在股东协议中进行考虑。②

1. 股东会

股东协议中的股东会部分，往往涉及股东会的权限、会议的

---

① 参见杨青：《中国企业境外投资法律实务指南》，法律出版社 2019 年版，第 293 页。

② 参见张伟华：《海外并购交易全程实务指南与案例评析》，中国法制出版社 2016 年版，第 281 页。

召开程序、投票的法定最低人数等。一般约定如下：

(1) 权力：股东会应为公司的最高权力机构，应行使下列权力，履行下列职能：决定公司的经营方针和投资计划；推选和更换非员工代表的董事和监事，决定与其薪酬有关的事宜；审议和批准董事会报告；审议和批准监事会报告；审议和批准公司的年度预算和决算表；审议和批准公司的利润分配计划和损失补偿计划；作出公司债券发行决议；作出公司注册资本增资或减资决议；作出公司的任何合并、分拆、解散、清算或转型决议；修订公司的章程；按照本协议决定任何其他事宜。

(2) 会议：股东会应至少每年召开一次定期会议。会议应在公司的注册地或者召开方决定的其他地点召开。

(3) 临时会议：收到持有公司至少 10% 表决权的股东或者至少 1/3 的董事或监事提议后 5 个工作日内，董事长或者副董事长应发出书面通知，召开股东会临时会议。

(4) 会议通知：股东会的所有会议均应由董事长或副董事长召开和主持。若董事长或副董事长无法或者未能履行其职责，则应由监事召开和主持会议。若监事未能召开和主持，则持有至少 10% 公司注册资本的股东可自发召开和主持会议。

任何股东会会议召开之前，应提前至少 5 个工作日，向全体股东发出股东会会议的书面通知，载明会议的具体时间和地点。

(5) 出席会议：股东可亲自、通过电话会议或者能够让股东通过语音或视频相互识别的任何通信方式（如视频会议或网络会议）出席股东会会议，也可通过委托书，指定另一人代其表决。该指定应为书面形式，需经相关股东签字，并应载明该人可担任代理人的会议，以及对该代理人适用的任何指示。

(6)法定人数:股东会会议的法定人数应由持有至少 50% 公司注册资本的股东组成。

(7)多数决:所有事项均应由持有 50% 以上公司表决权的股东决定,但是,涉及下列事项的股东会决议,经出席或派代表出席并持有至少 2/3 公司表决权的股东通过:①增加或者减少公司的注册资本;②公司的任何合并、分拆、解散、清算或转型;③修订公司章程。

(8)书面同意:对所有事项股东以书面形式一致表示同意的,可以不召开股东会会议,直接作出决定,并由全体股东在决定文件上签名、盖章。

2. 董事会

股东协议中的董事会部分,往往涉及董事会人员的构成、董事会的权限、董事会的召集程序等内容。一般约定如下:

(1)组成:董事会应由三名董事组成,其中两名董事,应在股东一提名后由股东会推选;一名董事,应在股东二提名后由股东会推选。董事首任任期为 3 年。董事会出现空缺的,应由股东会根据产生该空缺的缺席董事的原提名方的提名填补。任何一方可随时出于任何原因,罢免其提名担任董事的任一或所有个人,并提名另外一人或数人代替该人在剩余任期内担任董事。股东会应相应地通过任何决议。在继任董事选任之前,辞任或者被罢免的董事应继续履行其义务,直至继任董事就职。

(2)权力:董事会应履行下列职能:召开股东会会议,向股东会汇报其工作;执行股东会的决议;决定公司的年度预算、经营计划和投资计划;编制公司的决算表;制订公司的利润分配计划和亏损弥补计划;制订公司的注册资本增加或减少以及公司债券发行计划;制订公司的合并、分拆、解散或转型计划;决定公司内部管理部门的设立;决定公司总经理和其他管理人员的任免及其薪酬、职权范围和其他重要事项;制定公司的基本管理制度;按照本协议决定任何其他事项。

(3) 董事会会议:董事会应至少每年召开一次定期会议。董事会会议一般在公司的注册地召开,但也可在董事长选择的其他地点召开。

(4) 董事会临时会议:收到至少一名董事或总经理请求召开董事会临时会议的提议后 5 个工作日内,董事长或副董事长应发出召开董事会临时会议的书面通知。

(5) 会议通知:董事长或副董事长应在召开任何董事会会议之前至少 15 天发出书面通知,载明会议的具体议程、时间和地点。经本人或通过代理人出席会议的全体董事一致同意,可放弃该通知期要求。

(6) 出席会议:董事可亲自、通过电话会议或者能够让董事通过语音或视频相互识别的任何通信方式(如视频会议或网络会议)出席董事会会议,也可通过委托书,指定另一人代其表决。该指定应为书面形式,需经相关董事签字,并应载明该人可担任代理人的会议,以及对该代理人适用的任何指示。董事可任命另外一名董事担任其代理人。担任代理人之人,可代表不止一名董事行事。

(7) 法定人数:董事会会议的法定人数应由至少半数董事(即至少两名董事)构成。如已按要求发出了召开董事会会议的通知,但会上未达到前述规定的法定人数,则董事会会议应延期,15 天内在相同时间和地点重新召开。

(8) 多数决：董事可通过本人出席会议、通过电话或视频会议、通过代理人或者其他方式，对任何事项进行表决。每名董事应有一票。董事会作出决定所需的多数，应为投赞成票的董事占半数或以上（即至少两名董事）。

(9) 书面同意：对所有事项董事以书面形式一致表示同意的，可以不召开董事会会议，直接作出决定，并由全体董事在决定文件上签名、盖章。

(10) 报酬和费用：公司不因董事出席董事会会议，而向任何董事支付任何报酬。但公司可向董事报销因出席董事会会议产生的合理、必要并且有凭据的差旅费、住宿费和其他生活费用。

3. 管理层

股东协议中的管理层部分，往往涉及管理层的组成、总经理的权限等内容。一般约定如下：

(1) 设立：公司的董事会应设立管理层。该组织应由负责公司日常经营和管理的管理人员组成。该管理层应设一名总经理作为负责人，总经理应由董事会任命。

(2) 总经理：总经理的职责应包括：执行董事会的决定，组织和指示公司的日常经营与管理。总经理不在时，总经理可将其上述部分或全部权力授予副总经理或者由总经理选择的任何其他管理人员。

总经理（或者获得授权的其他管理人员）应有权自行决定本协议未明确规定在董事会或股东会权力范围内的任何事项。但是，其应尽到注意、审慎和勤勉义务。

(八)针对公司重大事项的一票否决权

如新投资股东在投资目标公司后持有公司的多数股份,其往往会要求自己对目标公司的重大事项享有一票否决权,从而防范目标公司原股东或管理团队作出严重损害自己权益的行为。此类重大事项通常包括:

(1)有关公司治理的重大事项:如修改公司章程,变更公司经营范围及主营业务,变更董事会人数、选举方式或董事权力,任免公司高级管理人员和核心雇员并决定其薪酬或涨薪幅度。

(2)有关公司日常运营中的重大事项:如批准和修改公司年度预算、商业计划、运营计划及工作指标等,开拓新的业务线,变更公司名称,重大合同的签署及变更,重大资产的处置,重大对外负债或担保,公司审计师的任免、会计政策的调整,员工薪酬标准的重大调整,重大关联交易,提起、终止诉讼或任何司法程序。

(3)有关新投资股东权利的重大事项:如对新投资股东的优先股东权利和特权的改变,为其他股东创设优于或等于新投资股东的优先权利(尤其是优先分红权、回赎权、优先清算权等经济性权利)。

(九)分红权

毫无疑问,分红权是境内投资者极为关心的问题。分红权条款通常包括境内投资者分配利润的比例、分配利润的时间、分配利润的顺序、有权决定利润分配的主体和程序等内容。① 一般约定如下：

按照法律规定提取法定公积金并缴纳税费，并在考虑未来投资和经营活动的现金流需求后，公司的剩余收益可用于向股东分配利润。董事会应在各财年结束后的 6 个月内，向股东会建议利润分配计划，以供股东会审议、批准或修改。董事会在建议该分配计划时，应考虑公司的资金是否足以支付利润，满足当前预算年度经批准的资本支出预算和营运资金需求。除非之前财务年度的损失已补足，否则公司不得分配利润。之前年度尚未分配的剩余利润，可与当前年度的利润一同分配，并且股东会随时可授权支付之前年度的未分配利润。应按照分配之时股东持有的公司注册资本的比例向股东分配利润。

(十) 股东会僵局

股东会僵局一般是指当目标公司股东会未能按照公司章程规定的程序和议事规则作出有效股东会决议，上述行为已对公司的正常经营和管理造成严重不利影响，且股东之间未能通过协商等方式解决从而形成僵局的情形。因此，为了防范因出现股东会僵局可能给公司或股东利益造成的严重损害，有必要对股东会僵局出现后的解决方法、流程等内容作出明确约定，从而当出现股东会僵局时尽可能减少因此给公司或股东利益造成的损害。②

---

① 参见杨青：《中国企业境外投资法律实务指南》，法律出版社 2019 年版，第 295—296 页。
② 参见杨青：《中国企业境外投资法律实务指南》，法律出版社 2019 年版，第 296—297 页。

一般来说,股东协议中对于股东会僵局的处理有几种方式:第一,在僵局发生时,股东会可对未达成一致的事项延期进行表决,看是否能够达成一致。第二,若在延期表决一次至几次后仍未能达成一致,则股东会可以提交该事项到股东的高级管理人员层面进行讨论解决。第三,如果股东的高级管理人员层面仍然未能对上述事项达成一致,则需要考虑设置相应的公司清算、解散机制、对赌退出条款等来解决问题,以避免公司的业务发展陷入困境。① 譬如,股东协议中可以约定,若股东会在延期表决之后未能就某一事项达成一致,且股东的高级管理人员之间也未能就该事项达成一致意见,则视为各方股东选择了对公司进行清算,各方应采取对公司立即进行清算的所有必要措施。

(十一) 对赌退出条款

对赌退出条款是指在股东会僵局事件发生或者其他股东协议中约定的事件发生时触发的一种退出机制,其适用方式一般为:触发事件发生后,任一方股东有权按股东协议中约定的方式将股份计价后通知其他方股东,其他方股东有权选择按照该等价格将自己的股份卖给一方股东或者有权按照该等价格从一方股东手中买入其股份。②

(十二) 股权转让限制

转让股权的限制条款是对那些接受原股东所转让的股权的

---

① 参见张伟华:《海外并购交易全程实务指南与案例评析》,中国法制出版社2016年版,第285页。
② 参见张伟华:《海外并购交易全程实务指南与案例评析》,中国法制出版社2016年版,第288页。

个人或公司的限制,同时也是对股权转让的期限和转让方式的限制。① 股权转让限制主要有两个方面:一是锁定(Lock up),即规定股东在股东协议约定的一定期限内不得转让股权。例如,为了使公司有机会巩固业务,股东们会同意在一段特定的时期内,如在收购完成后的 5 年内,任何股东不得向除其关联公司之外的任何人转让股权,任何自然人股东不得将其股权转让给其配偶或子女。管理层股东甚至在更长一段时期内不得转让股权,只要他们继续被雇用,就不得转让其股权。② 二是资格要求(Qualification),即股东协议中明确约定满足何等条件方可进行股权转让。资格要求可以是对第三方的技术能力、财务能力的要求,也可以是对不得将股权转让给其他股东的竞争者的要求。③

关于股权转让限制条款的法律效力,通常来说,如果限制条款是为了一个合法的商业目的,并且这些条款与此商业目的紧密关联,同时,没有股东受到欺骗或强迫来签订这些限制条款,那么这些条款在法律上是可行的。然而,限制条款的内容越广泛,所冒的风险就越大,因为法院可能会挑战限制条款中的"不合法的财产让渡限制"。另外,在一些国家的法律中,为保证这些转让限制条款对不知情的受让方同样适用,这些限制条

---

① 参见〔美〕斯坦利·福斯特·里德、〔美〕亚历山德拉·里德·拉杰科斯:《并购的艺术:兼并/收购/买断指南》,叶蜀君、郭丽华译,中国财政经济出版社 2001 年版,第 400 页。

② 参见〔美〕斯坦利·福斯特·里德、〔美〕亚历山德拉·里德·拉杰科斯:《并购的艺术:兼并/收购/买断指南》,叶蜀君、郭丽华译,中国财政经济出版社 2001 年版,第 400 页。

③ 参见张伟华:《海外并购交易全程实务指南与案例评析》,中国法制出版社 2016 年版,第 287 页。

款必须在股票证明书中的相关表格里注明。①

(十三) 融资

按照融资的性质,可以分为债务融资(Debt Financing)和股本融资(Equity Financing)两类。债务融资主要是看合资企业自身的资信及实力,股本融资主要是看合资企业所处的阶段及股东继续投入的意愿。在签署股东协议时,股东各方都要制定合资企业的融资策略,即是以债务融资还是股本融资为主。当然,融资策略的制定需要看公司所处的发展阶段。譬如,对于油气项目而言,如果公司所拥有的油气项目处在勘探阶段,则通常以股本融资为主;当公司的项目进入开发阶段或者生产阶段,通常更加倾向于债务融资。

在债务融资下,需要注意如果出借方需要股东提供还贷保证,则股东各方理论上应该按照各自的股权比例提供还贷担保。在股本融资下,需要注意如下两点:第一,股本融资时股东各方通常应享有反摊薄(Anti-dilution)的权利,即原有股东各方在公司进行股本融资时,有权按照现有股份比例,等比例认购新发行的股份;第二,在一方股东不跟进股本融资时,其他各方股东有权按比例认购该未认购股份,此时,不跟进股本融资一方股东的股权将被摊薄(Dilute)。②

---

① 参见〔美〕斯坦利·福斯特·里德、〔美〕亚历山德拉·里德·拉杰科斯:《并购的艺术:兼并/收购/买断指南》,叶蜀君、郭丽华译,中国财政经济出版社2001年版,第400—401页。

② 参见张伟华:《海外并购交易全程实务指南与案例评析》,中国法制出版社2016年版,第283—284页。

(十四) 信息获取权

对于股东来说,在公司运营过程中,信息获取权非常重要。一方面,股东协议中通常会约定,公司有义务制作并向股东提供与公司有关的文件和资料,如年度财务报告、季度财务报告、月度财务报告、年度预算计划等。另一方面,股东协议也会赋予股东查阅公司的会计账簿、会计凭证,检查公司的经营场所,与公司高级管理人员、会计师、财务顾问等人员进行访谈的权利,从而使股东能够了解公司的日常运营情况,并且能够及时发现公司存在的潜在风险。

(十五) 竞业禁止条款

在部分股东协议中,可能会约定股东的竞业禁止义务,对竞业禁止的时间、形式等进行明确约定。一般约定如下:

在某股东停止直接或间接持有任何公司股权之日起 3 年内,未经其他股东事先书面同意,其不得直接或间接经营与公司业务类似或具有竞争关系的任何业务。具体而言,该股东不得:

(1) 直接或间接开展、从事或者协助与公司业务或公司开展的任何活动类似或者具有竞争关系的业务。

(2) 针对公司的产品、服务或业务,自行、与他人一起或者代表他人从曾为公司客户或供应商之人处获取订单,与其开展业务,或者直接或间接鼓励他人从该人处获取订单或者与该人开展业务。

(3) 直接或间接招揽,以聘用或雇佣为目的而联系,聘用或雇佣公司的董事、高级管理人员、经理或雇员,或在过去 12 个月内曾担任公司的董事、高级管理人员、经理或雇员但仍受与公司订立的竞业禁止协议约束之人。

(十六)违约

股东协议中通常会约定何种行为构成违约以及违约的救济及后果。由于损害赔偿责任是一项重要的违约救济,股东协议中有时会特别设置关于违约赔偿的内容。通常约定如下:

(1)如一方未履行其在本协议项下的任何义务(包括但不限于违反按时出资的义务、违反保密义务、违反竞业限制义务),或者一方在本合同项下作出的某项陈述或保证不真实或者在实质上不准确,则该方应被视为违反本协议。

(2)违约的损害赔偿:如因任何一方违反本协议约定导致公司遭受任何损失,则违约方应就任何该等损失,向公司给予赔偿,并确保公司不因此遭受损害。如因违约方违反本协议约定导致守约方遭受任何损失,则违约方应就守约方产生的任何该等损失,向守约方给予赔偿,并确保守约方不因此遭受损害。

第十一章
跨境并购中的分手费与反向分手费

为寻求交易的确定性,跨境并购合同中往往预设了交易保护机制。分手费(Break-up Fee/Termination Fee)和反向分手费(Reverse Break-up Fee/Reverse Termination Fee)是国际并购交易中最重要的交易保护机制条款之一,目前几乎所有的跨境并购交易中都会出现相关条款。对两者进行约定的目的在于保护并购协议尽可能地达成,同时在一方违约时可以弥补对方的损失。就卖方而言,只有当其他竞购方的出价高于买方的报价与分手费之和时,才考虑接受其他竞购方的出价。否则,卖方会选择继续接受并购方的报价并履行收购协议。所以,对于境内投资者而言,分手费是一种保护设置。对于境内投资者来说,在因任何原因退出交易时,应该支付给卖方反向分手费,所以在一定程度上也保护了卖方的预期利益。①

一、分手费及其触发情形

(一) 概念

分手费/终止费是因卖方原因不能完成交易时,卖方支付给

---

① 参见卢静:《交易所跨国并购法律方略研究》,中国金融出版社2019年版,第148页。

买方的金额。分手费从保护买方利益的角度,限制卖方退出交易或要求卖方在交易失败时对买方作出补偿。在国际并购交易中分手费由来已久,随着并购实践而发展。①

　　国际并购交易分手费起源于对交易买方保护的需要。在国际并购交易文件签署之后,交易的买方往往会要求卖方作出不招揽(No-shop)和不谈判(No talk)的承诺,意即卖方不得再行在市场上主动招揽其他潜在买方进行交易。但是,对于卖方公司的董事会来说,如果出现了卖方非主动招揽的更高报价的潜在买方,卖方董事会在公司法下的信义义务(Fiduciary Duty)要求下必须与潜在买方进行商谈,并可能与更高报价(Superior Offer)的出价方达成交易。卖方在和更高报价出价方达成交易前必须终止与原始交易买方的交易,原始交易买方此时往往会要求卖方给予其补偿,因为更高报价而终止的交易使买方丧失了时间、金钱和机会,该补偿金额被称为分手费。分手费因此被广泛使用于国际并购交易中,成为因卖方的原因(往往是因为更高报价出价方的出现)而造成的国际并购交易不能继续的补偿。②

(二) 触发情形

1. 未获得外国监管审批

如境内投资者具有较强的谈判地位,其可能与境外卖方约

---

①　参见徐磊:《对外投资经济安全法律问题研究》,上海交通大学出版社 2018 年版,第 42 页。

②　参见张伟华:《跨境并购的十堂必修课》,中国法制出版社 2017 年版,第 224—225 页。

定,当本次交易未通过东道国的政府审批(包括国家安全审查、投资审查、反垄断审查等)时,卖方需向自己支付一笔分手费。

2. 卖方违约未将目标公司的股权或目标资产转让给境内投资者,而是出售给任何第三方

这种情形出现的原因通常是由于第三方提出了更高的报价。若卖方接受了第三方的更高报价,其需要向境内投资者支付一笔分手费。

3. 因目标公司内部的原因导致交易失败

具体包括:目标公司的董事会改变了推荐;目标公司的董事会虽然向目标公司的股东会进行了交易的推荐,但股东会仍然否决了该交易等。

4. 目标公司或卖方违反正式交易文件中的陈述、保证或承诺导致交易终止

若所有交割条件均已达成且境内投资者愿意交割,但目标公司或卖方未能在约定时间内完成交割,境内投资者也可以要求卖方支付分手费。

二、反向分手费及其触发情形

(一)概念

反向分手费/终止费指的是在境内投资者未能获得融资、违反陈述和保证以及承诺或出现其他违约情形导致交易不能完成时,境内投资者应向卖方支付的金额。

随着国际并购交易对交易确定性的追求,分手费的概念得到了相应的发展。不仅是买方在卖方获得更高报价后需要得到保护,卖方在某些情形出现的时候,也要求获得相应的保护。因此在国际并购交易中,对于买方股东未能批准交易、买方违约、未能获得某些种类的政府审批或者融资等先决条件的情形,逐渐出现了买方需要向卖方支付补偿的现象。这种补偿被称为反向分手费。①

(二)触发情形

1. 未通过中国境内的跨境监管审批

境内投资者的跨境投资交易需要取得中国境内政府机构(国家发展和改革委员会、商务部等)的核准、备案。如境内投资者未能在约定的期限内取得上述核准、备案,可能需要向卖方支付反向分手费。

2. 未获得外国监管审批

在境内投资者的谈判地位较弱的情况下,卖方可能还会让境内投资者承担外国监管审批未获得的风险,即若本次交易最终未通过东道国的政府审批(包括国家安全审查、投资审查、反垄断审查等),境内投资者也需要支付反向分手费。

3. 买方股东会未批准交易

如境内投资者的股东会在交易文件中约定期限内未批准本次交易导致协议终止,则境内投资者可能要向卖方支付反向分

---

① 参见张伟华:《跨境并购的十堂必修课》,中国法制出版社2017年版,第225页。

手费。

4. 融资不到位

在部分交易中,境内投资者并不是利用自用资金来收购目标公司和目标资产,而是利用融资来支付对价。在这种情况下,交易文件中可能会约定,若因境内投资者的融资不到位导致交易失败,其需要向卖方支付反向分手费。

5. 境内投资者违反正式交易文件中的陈述、保证或承诺导致交易终止

若所有交割条件均已达成且卖方愿意交割,但境内投资者未能在约定时间内完成交割或者拒绝交割,卖方可以要求境内投资者支付反向分手费。

三、分手费和反向分手费的谈判要点

(一) 分手费的谈判要点

国际并购交易中分手费的谈判要点在于分手费的触发事件、额度大小、支付时间等。

1. 分手费的触发事件

在交易双方明确卖方需在特定情形下向境内投资者支付分手费之后,双方会就分手费的触发事件进行讨论。在卖方收到第三方的更高报价、因目标公司内部原因导致交易失败,或者卖方违反正式交易文件中的陈述、保证或承诺等情形下,卖方通常愿意支付分手费。但是,卖方通常不愿意在未获得外国监管审

批导致交易失败的情形下支付分手费,因为这一因素是卖方无法控制的。

2. 分手费的额度大小

双方往往会针对不同类型的触发事件设置不同额度的分手费。通常而言,对于因卖方可控制的因素导致的交易失败(如卖方收到第三方的更高报价、卖方违反正式交易文件中的陈述、保证或承诺等),卖方需要支付更高额度的分手费;对于因卖方无法控制的因素导致的交易失败(如未获得外国监管审批),卖方需要支付较少的分手费。

同时,对于分手费金额多少的问题,应考虑不同国家的法律规定。在美国,分手费的约定比较灵活。美国特拉华州的法院曾经批准过金额为交易价值1%～6%的分手费,但2%～3.5%是比较常见的区间。美国法院在判断分手费的金额是否过高乃至损害股东的利益时会考虑多种因素,除了金额多少,还有目标公司董事会对特别竞标者的支持偏好、作出分手费决策时所拥有的信息和决策的过程、其他可比交易的分手费多少等因素,判断的原则是分手费的约定是鼓励竞标而非阻止竞标的发生。

在澳大利亚,分手费的约定一般不超过目标公司净资产价值的1%。如果分手费的金额超过1%,则澳大利亚并购委员会需要确定分手费的约定不具有反竞争或威胁性的效果,通常需要考虑下面三个方面:

(1)分手费被表明不是反竞争的,如其他竞争对手提高了竞价,或者在分手费宣布以后又提出了新的竞价。

(2)分手费是目标公司或其控股股东通过公开和透明的过程而达成的。

(3) 竞标者为竞标而产生了较高的成本或风险。澳大利亚并购委员会曾在一起并购案件中认为相当于目标公司净资产价值 1.87% 的分手费也是可以接受的,因为竞标是通过公开竞标程序,并且目标公司的业务复杂导致准备竞标的成本较高,还有竞标者交给目标公司股东的保证金的数额是分手费金额的几倍。[①]

3. 分手费的支付时间

如卖方处于优势谈判地位,其可能要求在交易确定失败之后再支付分手费,或者要求分期支付分手费;如境内投资者处于优势谈判地位,则其可能要求卖方提前将分手费存入监管账户。

(二) 反向分手费的谈判要点

国际并购交易中反向分手费的谈判要点也在于反向分手费的触发事件、额度大小、支付时间等。

1. 反向分手费的触发事件

在谈判反向分手费的触发事件时,一个常见的谈判点是"获得中国政府的审批是否与支付反向分手费挂钩"。在境内投资者"走出去"的过程中,境内投资者特别是境内国有企业的身份常常受到外国交易对手的质疑。外国交易对手经常把境内投资者视为中国政府的分支、附庸,因此在国际并购交易中,经常要求境内投资者承担过重的义务。例如,要求境内投资者担保交易能够获得中国政府的审批;如果交易不能获得中国政府

---

① 参见章洛菘主编:《企业并购与重组》,企业管理出版社 2013 年版,第 295—296 页。

的审批,则要求境内投资者支付高额的反向分手费。针对这一现状,境内投资者应尽量不要同意外国交易对手将中国政府的审批与支付反向分手费挂钩的请求。在谈判地位相对较弱的情况下,即使同意在交易文件中将中国政府的审批与支付反向分手费挂钩,也需要在交易文件中注明:在并购交易的其他先决条件均已获得,"中国政府的审批"是并购交易唯一未获得满足的先决条件时买方才需要支付反向分手费。①

2. 反向分手费的额度大小

在谈判反向分手费的额度时,境内投资者应注意分别考虑不同情形下设置的反向分手费额度是否合理。对于因境内投资者可控制的因素导致的交易失败(如融资不到位,违反正式交易文件中的陈述、保证或承诺等),境内投资者可同意支付较高额度的反向分手费;但是,对于因境内投资者无法控制的因素导致的交易失败(如未获得外国监管审批、未通过中国境内的跨境监管审批等),应谨慎考虑是否同意支付高额度的反向分手费。

3. 反向分手费的支付时间

在确定反向分手费的支付时间时,处于强势地位的卖方可能会要求境内投资者提前一次性将反向分手费支付到国外的监管账户。境内投资者应仔细考虑是否能够按照卖方的要求操作,如果操作存在困难,可以与卖方进行谈判,要求将反向分手费存在国内的监管账户,或者分期支付至国外的监管账户。

---

① 参见张伟华:《跨境并购的十堂必修课》,中国法制出版社2017年版,第233—234页。

第十二章
SPV 与跨境并购的交易架构

一、SPV 的基本概念

特殊目的实体(Special Purpose Vehicle, SPV),主要是指在境外金融中心注册成立用作特殊目的的实体。一般来说,SPV 没有注册资本的要求,也没有固定的员工或者办公场所,SPV 的所有职能都预先安排外派给其他公司或其他专业机构。SPV 可以是一个法人实体,也可以是一个空壳公司,同时也可以是拥有国家信用的中介。[①]

二、设计交易架构的原因

(一)实现风险隔离的目的

境内投资者设立 SPV 的目的通常在于在两个阶段实现风险隔离。其一,在并购交易阶段,由 SPV 作为签约主体与卖方签署保密协议等交易前期文件以及收购协议等正式交易文

---

① 参见王立新、何文杰、李磊编著:《中国企业境外投资法律与实务》(非卖品),第 118—119 页。

件，从而防范因协议发生纠纷而使境内母公司受到牵连。但在实践中，卖方即使同意由 SPV 作为签约主体，通常也会要求境内母公司为 SPV 的履约行为提供担保，因此这一阶段的风险隔离功能可能无法实现。其二，在后续经营阶段，由于 SPV 的存在，在目标公司与境内投资者或实际控制人之间树立起一道风险防范的"防火墙"。即使目标公司出现法律风险，通常情况下，只有直接投资目标公司的 SPV 独立承担法律责任，而境内投资者或实际控制人不会因此受到牵连。①

(二) 实现税收筹划

在境内投资者实施跨境并购时，其需要考虑在自己收购成功后未来可能承担的税负。为了降低整体税负，其可能会考虑设立 SPV。具体而言，境内投资者需要考虑在以下情形中可能承担的税负：

1. 收购成功后目标公司分配利润(股息、红利)的税负

若中国与目标公司所在国之间未签署双边税收协定，或者签订的税收协定中的条款无法实现境内投资者的节税目的，则境内投资者可以考虑在第三国设立 SPV，并利用第三国与目标公司所在国签订的双边税收协定来实现税收筹划的目的。譬如，假设根据中国与目标公司所在国之间签署的双边税收协定，目标公司直接向中国母公司支付利润的预提税税率为15%，而根据第三国与目标公司所在国签订的双边税收协定，目

---

① 参见杨青：《中国企业境外投资法律实务指南》，法律出版社 2019 年版，第91页。

标公司向第三国收购公司支付利润的预提税税率为5%。在这种情况下,如果第三国收购公司向中国母公司支付的利润不需要缴纳预提税,则境内投资者即通过在第三国设立 SPV 的方式节省了大量的税收。

2. 未来出售目标公司股份涉及的税负

如果境内投资者直接持有目标公司的股权,则当境内投资者后续转让目标公司股权时,通常需要向目标公司所在国缴纳税金。但是,如果境内投资者已经事先在第三国设立了 SPV,并由该收购主体收购目标公司的股权,则境内投资者可以通过转让 SPV 股权的方式间接转让目标公司的股权,从而避免向目标公司所在国缴纳税金。另外,若 SPV 的设立地为避税港,则境内投资者可能也不需要向 SPV 所在地缴纳税金。

(三)为境内投资者后续便利退出提供通道

跨境并购被比喻为一场为了"离婚"而"结婚"的交易,因此投资者在进行跨境并购时都会对投资后的便利退出提前搭建通道。对缺乏跨境并购经验的境内投资者来说,他们更多关注投资本身的成功与否,但对投资完成后如何在适当时候便利退出未给予充分重视。搭建离岸交易架构的另一个重要作用就是便于投资者后续的退出。如以境内投资者作为直接收购主体,这意味着后续境内投资者转让境外目标公司的任何股份或通过其他方式退出均需经我国境外投资监管机关的审批或备案,而且还可能涉及目标公司所在国政府机关的审批。由于办理上述手续会耽搁大量的时间,而且还存在未能通过审批或备案的风险,这会使境内投资者很难在最适合的时机快速退出,或者因审批或备案耗时较长而错过商机。特别是当目标公司为上市公司时，股价可能瞬息万变，作为境内投资者来说，肯定希望在股价高点时能顺利退出，从而使投资收益最大化。如果境内投资者直接持有上市公司的股份，则可能因事先需要获得境内相关监管机关的审批或备案及目标公司所在国证券监管机关的审批，而无法在股价高时转让退出。但是，如果境内投资者投资前已在离岸法域搭建好了离岸交易架构，则可通过转让离岸公司股份这种间接转股的方式实现快速退出，而无须办理上述监管审批或备案手续，从而规避上述风险。①

三、交易架构的结构及搭建交易架构的考量因素

(一) 交易架构的结构

交易架构设计是在充分考虑自身战略需求、境内审批监管、融资、税收筹划等交易架构核心问题后，并经与对方基本完成商业协议谈判的基础上确定的。

交易架构的结构通常分为三层，即投资层、中间控股层和实体经营层。投资层主要是指最终投资人或受益人。中间控股层是由境内投资者设计的一层或多层 SPV，该层结构的设计旨在实现风险隔离、税收筹划、便利退出等多项目的，主要作为投资层和实体经营层之间的协调机构，其设计需要考量很多因素。实体经营层主要是指在东道国实际经营的被收购目标公司。境

---

① 参见杨青:《中国企业境外投资法律实务指南》，法律出版社 2019 年版，第 94—95 页。

内投资者可以通过运营目标公司获取利润,并将目标公司获取的利润通过股息、红利的形式汇回境内。

(二) 搭建交易架构的考量因素

1. 设立境外 SPV 的成本与便利程度

首先,境内投资者应考虑设立境外 SPV 的成本,包括注册费用和日常维护费用等。境内投资者每多设立一级的 SPV,都需要额外支出一笔注册公司的费用。另外,每一级的 SPV 每年可能还需要支出额外的日常维护费用,从而确保该公司能够继续存续。

其次,设立境外 SPV 的便利程度也是境内投资者需要考虑的因素,包括对于公司设立主体、公司名称、公司最低注册资本、股东以及董事人数等事项的要求。

2. 我国政府机关的监管要求

境内投资者在跨境并购中,很容易受到我国监管机关政策的影响,而监管机关政策的出台与实际执行情况可能会直接影响到跨境并购交易的合法性与可行性,也会对交易架构的设计与搭建产生实质影响。譬如,2016 年 12 月 6 日,国家发展和改革委员会、商务部、中国人民银行、国家外汇管理局四部门负责人就相关部门加强对外投资监管答记者问时表示,我国支持国内有能力、有条件的企业开展真实合规的对外投资活动,参与"一带一路"共同建设和国际产能合作,促进国内经济转型升级,深化我国与世界各国的互利合作。同时,监管部门将密切关注房地产、酒店、影城、娱乐业、体育俱乐部等领域出现的一些非理性对外投资,以及大额非主业投资、有限合伙企业对外投资、"母小子大""快设快出"等类型对外投资中存在的风险隐患。由于上述政策对有限合伙企业的境外投资实行严格监管,在设计交易架构时,境内投资者通常应避免以有限合伙企业如私募基金作为直接的投资主体,而应以与目标公司从事业务领域相一致的境内实体企业作为主要的投资主体,合伙企业仅作为财务投资者占小股,或不占股份;由于上述政策将"快设快出"(即成立时间很短的企业,在无任何实体经营的情况下即开展境外投资活动)认定为一种非理性对外投资行为,境内投资者在设计交易架构时,应尽量使用境内实体企业作为直接投资主体,或使用其全资控制的设立时间超过一年且有足够资金实力完成目标公司收购的子公司作为投资主体。①

3. 公司未来的规划

在设计跨境并购的交易架构时,一个重要的考量因素是目标公司未来的发展规划。如果境内投资者在收购目标公司之后,有未来利用目标公司在境外上市的计划,那么在搭建境外架构时,就有必要对拟上市国家地区的相关法律法规进行了解,并根据相关法律法规的规定对境外架构的设计进行调整修改。这是因为许多国家或地区的法律法规出于对国内投资者的保护、市场的健康运作等考虑,对可以申请在该国家或地区上市的公司进行了一系列限制,其中一个常见的、对境外结构搭建影响较

---

① 参见杨青:《中国企业境外投资法律实务指南》,法律出版社2019年版,第98—99页。

大的条件是意欲上市的公司的注册地。① 因此,若境内投资者拟上市国家或地区对于注册于东道国的公司在该国家或地区的上市施加了多重限制,则有未来上市计划的境内投资者需要审慎考虑是否继续收购注册于东道国的目标公司。

---

① 参见李海容:《海外投资并购:实务操作与典型案例解析》,法律出版社2017年版,第49页。

第十三章
跨境并购的国内监管制度要求

根据我国现行有效的法律法规,若境内投资者想要开展跨境并购,其在境内需要获得国家发展和改革委员会(以下简称"国家发展改革委")、商务部门的核准或备案,并且将受到外汇管理部门的监管。另外,对于国有企业的跨境并购,其将受到额外的监管。

一、国家发展改革委的监管

(一)法律依据

自2016年年底我国加强企业境外投资监管以来,监管部门相继出台系列措施或规范性文件不断加强企业境外投资监管。2017年12月26日,国家发展改革委出台《企业境外投资管理办法》(以下简称"11号令")。2018年1月31日,国家发展改革委发布《境外投资敏感行业目录(2018年版)》,首次以单独的敏感行业目录形式公布境外投资的敏感行业。

(二)具体监管要求

根据11号令,发改部门对于境外投资项目实施核准和备案相结合的管理方式,除明确规定需核准的境外投资项目以外,均实施备案管理,即"备案为主,核准为辅"。其中,对敏感类项目实行核准管理,非敏感类项目实行备案管理。11号令规定的"敏感类项目"包括涉及敏感国家和地区的项目、涉及敏感行业的项目。

11号令对敏感国家和地区作了列举,分为四种情形:一是与我国未建交的国家和地区;二是发生战争、内乱的国家和地区;三是根据我国缔结或参加的国际条约、协定等,需要限制企业对其投资的国家和地区;四是其他敏感国家和地区。

《境外投资敏感行业目录(2018年版)》将武器装备的研制生产维修、跨境水资源开发利用、新闻传媒,以及根据《国务院办公厅转发国家发展改革委、商务部、人民银行、外交部关于进一步引导和规范境外投资方向指导意见的通知》,需要限制企业境外投资的行业(包括房地产、酒店、影城、娱乐业、体育俱乐部及在境外设立无具体实业项目的股权投资基金或投资平台)列为境外投资敏感行业。

(三)监管趋势

相较于此前发改部门监管企业境外投资的主要法规《境外投资项目核准和备案管理办法》(以下简称"9号令",现已失效),11号令在境内审批流程、监管范围等方面进行了调整。具体而言,11号令改革要点包括以下几个方面:

1. 取消"小路条"制度

9号令第10条规定:"中方投资额3亿美元及以上的境外收购或竞标项目,投资主体在对外开展实质性工作之前,应向国家发展改革委报送项目信息报告。国家发展改革委收到项目信息报告后,对符合国家境外投资政策的项目,在7个工作日内出具确认函……"

该项目信息报告制度即为市场所称"小路条"制度。"小路条"制度设计的初衷是防范境内投资者之间的恶性竞争,但在实操过程中,特别是在境外竞标项目中,"小路条"制度影响了境内投资者的交易确定性和时间表,从而使得境内投资者在境外竞标项目中与其他境外竞标方相比处于不利地位且需支付额外的"中国成本"。11号令将此制度取消。[1]

2. 核准/备案:从投资交易文件生效条件变更为实施条件

9号令第25条规定:"投资主体实施需国家发展改革委核准或备案的境外投资项目,在对外签署具有最终法律约束效力的文件前,应当取得国家发展改革委出具的核准文件或备案通知书;或可在签署的文件中明确生效条件为依法取得国家发展改革委出具的核准文件或备案通知书。"

鉴于该条在实践中增加了交易的不确定性,且不符合国际交易惯例,11号令第32条对此进行了修改,规定:"属于核准、备案管理范围的项目,投资主体应当在项目实施前取得项目核准文件或备案通知书……"据此,项目核准/备案不再作为境外投资交易协议生效条件,而作为交割条件。[2]

3. 修改了核准和备案的机关层级

9号令第7条第1款规定:"……中方投资额20亿美元及

---

[1] 参见朱宁主编:《跨境并购:合规管理·风险控制·融资安排》,中国法制出版社2020年版,第99页。

[2] 参见朱宁主编:《跨境并购:合规管理·风险控制·融资安排》,中国法制出版社2020年版,第99页。

以上,并涉及敏感国家和地区、敏感行业的境外投资项目,由国家发展改革委提出审核意见报国务院核准。"第 8 条规定:"……中央管理企业实施的境外投资项目、地方企业实施的中方投资额 3 亿美元及以上境外投资项目,由国家发展改革委备案;地方企业实施的中方投资额 3 亿美元以下境外投资项目,由各省、自治区、直辖市及计划单列市和新疆生产建设兵团等省级政府投资主管部门备案。"

关于核准管理,根据 11 号令第 13 条的规定,核准机关改为国家发展改革委,而不再是国务院。关于备案管理,根据 11 号令 14 条第 2 款的规定,"投资主体是中央管理企业(含中央管理金融企业、国务院或国务院所属机构直接管理的企业,下同)的,备案机关是国家发展改革委;投资主体是地方企业,且中方投资额 3 亿美元及以上的,备案机关是国家发展改革委;投资主体是地方企业,且中方投资额 3 亿美元以下的,备案机关是投资主体注册地的省级政府发展改革部门"。

4. 取消省级发改委的转报

根据 9 号令第 11 条的规定,由国家发展改革委核准或由国家发展改革委提出审核意见报国务院核准的境外投资项目,地方企业直接向所在地的省级政府发展改革部门提交项目申请报告,由省级政府发展改革部门提出审核意见后报送国家发展改革委。根据 9 号令第 19 条的规定,属于国家发展改革委备案的项目,地方企业应填报境外投资项目备案申请表并附有关附件,直接提交所在地的省级政府发展改革部门,由省级政府发展改革部门报送国家发展改革委。11 号令取消了地方企业作为投资主体的情形下,在申请核准或备案时由省级发改委转报的程序。地方企业只需要通过网络系统向相关核准机关或备案机关提交有关文件。

5. 明确监管范围

从监管对象上看,根据9号令第2条和第31条的规定,9号令的监管对象范围仅限于境内各类法人,并不适用于自然人和其他组织。与之不同,根据11号令第2条的规定,11号令的监管对象为境内企业(包括法人以及非法人的企业)。同时,鉴于以往实践中对于金融企业在取得原保监会、证监会或原银监会审批之后是否需要履行国家发展改革委核准或备案手续存在不同理解,11号令第2条特别明确"企业"包括各种类型的非金融企业和金融企业。除此以外,11号令还通过第61条的规定,将事业单位、社会团队等非企业组织也纳入11号令监管的"投资主体"范围。另外,根据11号令第63条的规定,境内自然人如果通过其控制的境外企业开展投资的,也应参照11号令的规定执行。

从监管的投资行为上看,9号令第2条规定的受监管投资行为是"以新建、并购、参股、增资和注资等方式进行的境外投资项目,以及投资主体以提供融资或担保等方式通过其境外企业或机构实施的境外投资项目"。11号令则将境内企业通过其控制的境外企业从事的境外投资活动列为受监管的投资行为,即将境内企业参股(未控制)的境外企业从事的境外投资活动排除在监管范围之外。

6. 修改申请核准或备案变更的前提

9号令第23条规定:"对于已经核准或备案的境外投资项

目,如出现下列情况之一的,应按照本办法第七、八条规定向国家发展改革委申请变更:(一)项目规模和主要内容发生变化;(二)投资主体或股权结构发生变化;(三)中方投资额超过原核准或备案的20%及以上。"

11号令第34条第1款对上述规定进行了修正,并规定:"已核准、备案的项目,发生下列情形之一的,投资主体应当在有关情形发生前向出具该项目核准文件或备案通知书的机关提出变更申请:(一)投资主体增加或减少;(二)投资地点发生重大变化;(三)主要内容和规模发生重大变化;(四)中方投资额变化幅度达到或超过原核准、备案金额的20%,或中方投资额变化1亿美元及以上;(五)需要对项目核准文件或备案通知书有关内容进行重大调整的其他情形。"

7. 明确"境外投资活动"的主要情形

根据11号令第2条的规定,投资活动主要包括但不限于下列情形:

(1)获得境外土地所有权、使用权等权益;

(2)获得境外自然资源勘探、开发特许权等权益;

(3)获得境外基础设施所有权、经营管理权等权益;

(4)获得境外企业或资产所有权、经营管理权等权益;

(5)新建或改扩建境外固定资产;

(6)新建境外企业或向既有境外企业增加投资;

(7)新设或参股境外股权投资基金;

(8)通过协议、信托等方式控制境外企业或资产。

8. 加强事中和事后监管

11号令第43条明确,境外投资过程中发生外派人员重大伤亡、境外资产重大损失、损害我国与有关国家外交关系等重大不利情况的,投资主体应当在有关情况发生之日起5个工作日内通过网络系统提交重大不利情况报告表。第44条规定,属于核准、备案管理范围的项目,投资主体应当在项目完成之日起20个工作日内通过网络系统提交项目完成情况报告表。第45条规定,国家发展改革委、省级政府发展改革部门可以就境外投资过程中的重大事项向投资主体发出重大事项问询函。投资主体应当按照重大事项问询函载明的问询事项和时限要求提交书面报告。第49条还规定了信用记录和联合惩戒制度,即国家发改委建立境外投资违法违规行为记录,公布并更新企业违反本办法规定的行为及相应的处罚措施,将有关信息纳入全国信用信息共享平台、国家企业信用信息公示系统、"信用中国"网站等进行公示,会同有关部门和单位实施联合惩戒。

二、商务部门的监管

(一)法律依据

商务部于2014年10月6日实施的《境外投资管理办法》(以下简称"3号令")与2018年1月18日实施的《对外投资备案(核准)报告暂行办法》(以下简称"24号文")确立了"备案为主、核准为辅"的新型管理模式。

(二) 3号令的具体监管要求

1. 备案、核准管理的范围

从3号令来看,商务部门对境内投资者境外投资的管理实行"备案为主、核准为辅"的模式。即除境内投资者境外投资涉及敏感国家和地区或敏感行业的实行核准管理外,其他境内投资者境外投资项目均实行备案管理。根据3号令第7条的规定,实行核准管理的国家是指与中华人民共和国未建交的国家、受联合国制裁的国家。必要时,商务部可另行公布其他实行核准管理的国家和地区的名单。实行核准管理的行业是指涉及出口中华人民共和国限制出口的产品和技术的行业、影响一国(地区)以上利益的行业。

2. 备案、核准的主管机关

根据3号令第9条的规定,对属于备案情形的境外投资,中央企业报商务部备案;地方企业报所在地省级商务主管部门备案。根据3号令第10条的规定,对属于核准情形的境外投资,中央企业向商务部提出申请,地方企业通过所在地省级商务主管部门向商务部提出申请。

3. 备案、核准程序的时间

关于备案程序的时间,根据3号令第9条的规定,商务部或省级商务主管部门应当自收到《境外投资备案表》之日起3个工作日内予以备案并颁发证书。企业不如实、完整填报《境外投资备案表》的,商务部或省级商务主管部门不予备案。

根据3号令第12条的规定,核准程序的时间视核准对象而

有所不同:

(1)如核准对象为中央企业,商务部应当在受理核准申请后20个工作日内[包含征求驻外使(领)馆(经商处室)意见的时间]作出是否予以核准的决定。申请材料不齐全或者不符合法定形式的,商务部应当在3个工作日内一次告知申请企业需要补正的全部内容。逾期不告知的,自收到申请材料之日起即为受理。中央企业按照商务部的要求提交全部补正申请材料的,商务部应当受理该申请。

(2)如核准对象为地方企业,省级商务主管部门应当在受理核准申请后对申请是否涉及3号令第4条所列情形进行初步审查,并在15个工作日内[包含征求驻外使(领)馆(经商处室)意见的时间]初步审查意见和全部申请材料报送商务部。申请材料不齐全或者不符合法定形式的,省级商务主管部门应当在3个工作日内一次告知申请企业需要补正的全部内容。逾期不告知的,自收到申请材料之日起即为受理。地方企业按照省级商务主管部门的要求提交全部补正申请材料的,省级商务主管部门应当受理该申请。商务部收到省级商务主管部门的初步审查意见后,应当在15个工作日内作出是否予以核准的决定。

(三)24号文的主要内容

24号文的出台,主要在于加强各部门间的信息共享和协作机制及完善各部门之间的内部信息汇总机制,建立了各部门"管理分级分类、信息统一归口、违规联合惩戒"的对外投资管理模式,明确了各部门对不同主体的境外投资进行核准/备案的职责划分。

（四）监管趋势

商务部门在对境内投资者境外投资进行核准或备案时,会重点审查境外投资的真实性及合规性。

三、外管部门的监管

（一）法律依据

2015年2月13日,国家外汇管理局发布《关于进一步简化和改进直接投资外汇管理政策的通知》(以下简称《简化通知》),对境外直接投资外汇管理政策进行简化。

（二）具体监管要求

根据《简化通知》的规定,自2015年6月1日起,有境外投资需求的境内投资者,在办理外汇登记业务时除特殊情况(例如境内机构境外直接投资前期费用登记项下,前期费用累计汇出额超过300万美元或超过中方投资总额15%的,境内投资者需提交说明函至注册地外汇局申请办理;境外直接投资外汇变更登记项下境外放款转为对境外公司股权的应同时向注册地外汇局申请办理境外放款变更或注销登记等)外,可直接到银行办理企业境外直接投资的相关外汇登记手续。也就是说,境内投资者境外直接投资的外汇登记改为"银行办理、外管监督"的模式,国家外汇管理部门的职能将逐步转为事后监管与控制。①

(三) 监管趋势

2016年11月28日,国家发展改革委、商务部、中国人民银行、国家外汇管理局四部门负责人在就当前对外投资形势及对外投资方针政策答记者问时指出,中国坚持实行以备案制为主的对外投资管理方式,把推进对外投资便利化和防范对外投资风险结合起来。

2016年12月8日,国家外汇管理局有关负责人在接受新华社记者专访时表示,外汇局一直强调支持有能力和有条件的境内投资者开展真实合规的对外投资业务。对于真实合规的对外投资资金汇出需求,外汇局一直予以保障。目前外汇局主要是从保证投资项目的真实性和合规性的角度开展工作,坚持对外直接投资购付汇的实需原则,同时对于虚假的对外投资行为保持打击力度。境外投资行为异常情况分为四类:一是部分成立不足数月的企业,在无任何实体经营的情况下即开展境外投资活动;二是部分企业境外投资规模远大于境内母公司注册资本,企业财务报表反映的经营状况难以支撑其境外投资的规模;三是个别企业境外投资项目与境内母公司主营业务相去甚远,不存在任何相关性;四是个别企业投资人民币来源异常,涉嫌为个人向境外非法转移资产和地下钱庄非法经营。该负责人还表示,近年来,外汇局在对外投资政策方面不断简政放权,从审批核准转向登记备案,对外投资外汇管理政策是一贯的、稳定

---

① 参见朱宁主编:《跨境并购:合规管理·风险控制·融资安排》,中国法制出版社2020年版,第104—105页。

的。外汇局加强事中和事后以及现场的监督检查,目的是促进我国对外投资持续健康发展,实现互利共赢、共同发展。

在目前的大背景下,外汇管理部门一方面会继续支持国内有能力、有条件的境内投资者开展真实合规的境外投资活动,另一方面也会加强对虚假的境外投资行为的监管,以保持国际收支的基本平衡。

四、针对国有企业的监管

2017年1月7日,国务院国有资产监督管理委员会发布《中央企业境外投资监督管理办法》,以加强中央企业境外投资监督管理。该办法第2条规定,本办法所称中央企业是指国务院国有资产监督管理委员会代表国务院履行出资人职责的国家出资企业。本办法所称境外投资是指中央企业在境外从事的固定资产投资与股权投资。

该办法建立了详细的境外投资管理制度:

(1)事先编制年度境外投资计划。《中央企业境外投资监督管理办法》第11条规定:"中央企业应当根据国资委制定的中央企业五年发展规划纲要、企业发展战略和规划,制定清晰的国际化经营规划,明确中长期国际化经营的重点区域、重点领域和重点项目。中央企业应当根据企业国际化经营规划编制年度境外投资计划,并纳入企业年度投资计划,按照《中央企业投资监督管理办法》管理。"

(2)分类监管。建立发布中央企业境外投资项目负面清单,设定禁止类和特别监管类境外投资项目。其中,列入负面清单禁止类的境外投资项目,中央企业一律不得投资;列入负面清单特别监管类的境外投资项目,根据《中央企业境外投资监督管理办法》第9条的规定,中央企业应当报送国资委履行出资人审核把关程序;负面清单之外的境外投资项目,由中央企业按照企业发展战略和规划自主决策。

(3)非主业投资禁止。《中央企业境外投资监督管理办法》第14条规定:"中央企业原则上不得在境外从事非主业投资。有特殊原因确需开展非主业投资的,应当报送国资委审核把关,并通过与具有相关主业优势的中央企业合作的方式开展。"

(4)责任追究。《中央企业境外投资监督管理办法》第29条规定:"中央企业违反本办法规定,未履行或未正确履行投资管理职责造成国有资产损失以及其他严重不良后果的,依照《中华人民共和国企业国有资产法》《国务院办公厅关于建立国有企业违规经营投资责任追究制度的意见》(国办发〔2016〕63号)等有关规定,由有关部门追究中央企业经营管理人员的责任。对瞒报、谎报、不及时报送投资信息的中央企业,国资委予以通报批评。"第30条规定:"国资委相关工作人员违反本办法规定造成不良影响的,由国资委责令其改正;造成国有资产损失的,由有关部门按照干部管理权限给予处分;涉嫌犯罪的,依法移送司法机关处理。"

第十四章
跨境并购中的政府审批

一、反垄断审批

企业并购一方面可以集中相关行业的人力、物力、财力和技术优势,产生规模效应,提高企业生产效率和竞争力,从而优化产业结构,提升经济整体实力,但是另一方面,由于企业并购将使行业集中度上升,容易产生或加强部分企业的市场支配地位,使其更容易排除或限制竞争,最终损害消费者的利益。出于维护市场竞争的目的,各国的反垄断法一般都包含并购审查的规定,要求达到一定营业规模的并购参与方就并购事宜向反垄断法执法机关进行申报,反垄断法执法机关可依法决定批准、附条件批准或禁止并购。[1] 以下将对境内投资者跨境并购中经常涉及的中国、美国和欧盟的反垄断审批制度进行分析,以协助境内投资者应对跨境并购中可能触发的反垄断审查。

(一)中国的经营者集中审查制度

若外国投资者在中国境内并购境内企业,且该经营者集

---

[1] 参见任谷龙、韩利杰:《海外投资并购法律实务:操作细节与风险防范》,中国法制出版社2017年版,第222页。

中达到了国务院规定的申报标准的,经营者无疑应当事先向国务院反垄断执法机构申报。但问题在于,如果是境内投资者在境外开展并购活动,且该经营者集中达到了国务院规定的申报标准的,此时是否要适用中国的经营者集中审查制度,要求经营者事先向国务院反垄断执法机构申报? 通常而言,境内投资者在境外的并购交易也可能会涉及反垄断申报。如果满足反垄断申报标准,即使目标公司不在境内销售产品或提供服务,也不能免除经营者的反垄断申报义务。① 因此,境内投资者在实施跨境并购活动时,也需要注意满足中国经营者集中审查制度的要求。

1. 类型

《反垄断法》第 25 条规定:"经营者集中是指下列情形:(一)经营者合并;(二)经营者通过取得股权或者资产的方式取得对其他经营者的控制权;(三)经营者通过合同等方式取得对其他经营者的控制权或者能够对其他经营者施加决定性影响。"根据该条规定,跨境并购属于《反垄断法》规制的经营者集中行为。

2. 申报标准

《反垄断法》第 26 条规定:"经营者集中达到国务院规定的申报标准的,经营者应当事先向国务院反垄断执法机构申报,未

---

① 参见邓志松等:《收到反垄断局对并购交易的未依法申报调查函,企业如何正确应对?》,载 https://mp.weixin.qq.com/s? src=11&timestamp=1688449526&ver=4629&signature=RYzcs4yOgE5Oj4LlwASfqF1xh-D6ut-I0kG8VbUe7z5u0RLUMci∗1zDM-19z2r6y7erwaLIF19LBVAqbAs∗avm88nKLsXG75eqW0QFPsQdDwHdnQ0-4cew7cmAVjpKqa&new=1,访问日期:2023 年 7 月 4 日。

申报的不得实施集中。经营者集中未达到国务院规定的申报标准,但有证据证明该经营者集中具有或者可能具有排除、限制竞争效果的,国务院反垄断执法机构可以要求经营者申报。经营者未依照前两款规定进行申报的,国务院反垄断执法机构应当依法进行调查。"第 27 条规定:"经营者集中有下列情形之一的,可以不向国务院反垄断执法机构申报:(一)参与集中的一个经营者拥有其他每个经营者百分之五十以上有表决权的股份或者资产的;(二)参与集中的每个经营者百分之五十以上有表决权的股份或者资产被同一个未参与集中的经营者拥有的。"

根据上述规定可知,若经营者集中达到国务院规定的申报标准的,除非该集中具有《反垄断法》第 27 条规定的例外情形,否则经营者就应当事先向国务院反垄断执法机构申报。《国务院关于经营者集中申报标准的规定》第 3 条第 1 款明确规定:"经营者集中达到下列标准之一的,经营者应当事先向国务院反垄断执法机构申报,未申报的不得实施集中:(一)参与集中的所有经营者上一会计年度在全球范围内的营业额合计超过 100 亿元人民币,并且其中至少两个经营者上一会计年度在中国境内的营业额均超过 4 亿元人民币;(二)参与集中的所有经营者上一会计年度在中国境内的营业额合计超过 20 亿元人民币,并且其中至少两个经营者上一会计年度在中国境内的营业额均超过 4 亿元人民币。"

《经营者集中审查规定》《关于经营者集中申报的指导意见》对国务院确定的申报标准中的一些概念的定义进行了明确。其中,《经营者集中审查规定》第 9 条规定:"营业额包括相关经营者上一会计年度内销售产品和提供服务所获得的收入,扣除相关税金及附加。前款所称上一会计年度,是指集中协议签署日的上一会计年度。"第 10 条规定:"参与集中的经营者的营业额,应当为该经营者以及申报时与该经营者存在直接或者间接控制关系的所有经营者的营业额总和,但是不包括上述经营者之间的营业额。经营者取得其他经营者的组成部分时,出让方不再对该组成部分拥有控制权或者不能施加决定性影响的,目标经营者的营业额仅包括该组成部分的营业额。参与集中的经营者之间或者参与集中的经营者和未参与集中的经营者之间有共同控制的其他经营者时,参与集中的经营者的营业额应当包括被共同控制的经营者与第三方经营者之间的营业额,此营业额只计算一次,且在有共同控制权的参与集中的经营者之间平均分配。金融业经营者营业额的计算,按照金融业经营者集中申报营业额计算相关规定执行。"另外,根据《关于经营者集中申报的指导意见》第 5 条的规定,"在中国境内",是指经营者产品或服务的买方所在地在中国境内。包括经营者从中国之外的国家或地区向中国的出口,但不包括其从中国向中国之外的国家或地区出口的产品或提供的服务。"在全球范围内",包括在中国境内的营业额。

3. 申报义务人

根据《经营者集中审查规定》第 13 条的规定,通过合并方式实施的经营者集中,合并各方均为申报义务人;其他情形的经营者集中,取得控制权或者能够施加决定性影响的经营者为申报义务人,其他经营者予以配合。同一项经营者集中有多个申报义务人的,可以委托一个申报义务人申报。被委托的申报义务人未申报的，其他申报义务人不能免除申报义务。申报义务人未申报的，其他参与集中的经营者可以提出申报。申报人可以自行申报，也可以依法委托他人代理申报。

4. 商谈

在反垄断局决定立案审查前，经营者可就已申报或拟申报的经营者集中，向反垄断局申请商谈。反垄断局将根据商谈申请方提供的信息，就其关心的问题提供指导意见。商谈不是经营者集中申报的必经程序，经营者自行决定是否申请商谈。根据《关于经营者集中申报的指导意见》第10条的规定，商谈申请应当以书面形式，通过传真、邮寄等方式提交反垄断局。商谈申请须包括如下内容：①交易概况、交易各方的基本信息等文件和资料；②拟商谈问题；③参与商谈人员的姓名、国籍、单位及职务；④建议的商谈时间；⑤联系人及其联系方式等。《关于经营者集中申报的指导意见》第11条规定："……商谈的问题可以包括：（一）交易是否需要申报。包括相关交易是否属于经营者集中，是否达到申报标准等；（二）需要提交的申报文件资料。包括申报文件资料的信息种类、形式、内容和详略程度等；（三）具体法律和事实问题。包括如何界定相关商品市场和相关地域市场、是否符合《关于经营者集中简易案件适用标准的暂行规定》等；（四）就申报和审查程序提供指导。包括申报的时间、申报义务人、申报和审查的时限、简易案件申报程序、非简易案件申报程序、审查程序等；（五）其他相关问题。例如交易是否存在未依法申报问题等。"《关于经营者集中申报的指导意见》第30条规定："反垄断局对在办理经营者集中商谈和申报工作中知悉的商业秘密和其他需要保密的信息承担保密义务。"

商谈的意义在于,经营者可就拟申报的经营者集中,向反垄断局申请商谈并就关心的问题寻求指导意见,这样有助于提高申报的针对性,促成技术性问题的解决,也有助于交易的顺利推进。另外,由于反垄断局会对在办理经营者集中商谈中知悉的商业秘密和其他需要保密的信息承担保密义务,所以经营者也不用担心会因为商谈而导致与交易有关的保密信息发生泄露的情形。

5. 简易案件申报

在中国经营者集中审查体系中,审查程序分为简易程序和普通程序。简易程序和普通程序的流程一致,审查时限上也无不同,但是简易程序相较于普通程序要求申报人提供的资料大大减少,客观上减少了案件的实际审查时限,提高了交易的效率。[1]

《经营者集中审查规定》明确了可以作为简易案件申报的情形。该规定第 19 条规定:"符合下列情形之一的经营者集中,可以作为简易案件申报,市场监管总局按照简易案件程序进行审查:(一)在同一相关市场,参与集中的经营者所占的市场份额之和小于百分之十五;在上下游市场,参与集中的经营者所占的市场份额均小于百分之二十五;不在同一相关市场也不存在上下游关系的参与集中的经营者,在与交易有关的每个市场所占的市场份额均小于百分之二十五;(二)参与集中的经营者在中国境外设立合营企业,合营企业不在中国境内从事经济活动的;(三)参与集中的经营者收购境外企业股权或者资产,该

---

[1] 参见朱宁主编:《跨境并购:合规管理·风险控制·融资安排》,中国法制出版社 2020 年版,第 181—182 页。

境外企业不在中国境内从事经济活动的;(四)由两个以上经营者共同控制的合营企业,通过集中被其中一个或者一个以上经营者控制的。"

《经营者集中审查规定》第 20 条则列举了一些不视为简易案件的例外情形。该条规定:"符合本规定第十九条但存在下列情形之一的经营者集中,不视为简易案件:(一)由两个以上经营者共同控制的合营企业,通过集中被其中的一个经营者控制,该经营者与合营企业属于同一相关市场的竞争者,且市场份额之和大于百分之十五的;(二)经营者集中涉及的相关市场难以界定的;(三)经营者集中对市场进入、技术进步可能产生不利影响的;(四)经营者集中对消费者和其他有关经营者可能产生不利影响的;(五)经营者集中对国民经济发展可能产生不利影响的;(六)市场监管总局认为可能对市场竞争产生不利影响的其他情形。"

6. 审查内容

《反垄断法》第 33 条规定:"审查经营者集中,应当考虑下列因素:(一)参与集中的经营者在相关市场的市场份额及其对市场的控制力;(二)相关市场的市场集中度;(三)经营者集中对市场进入、技术进步的影响;(四)经营者集中对消费者和其他有关经营者的影响;(五)经营者集中对国民经济发展的影响;(六)国务院反垄断执法机构认为应当考虑的影响市场竞争的其他因素。"

从上述规定中不难看出,"相关市场"的界定能够明确经营者竞争的市场范围,是判断经营者集中是否会影响市场竞争的前提条件。根据国务院反垄断委员会发布的《关于相关市场界定的指南》第 3 条的规定,相关市场是指经营者在一定时期内就特定商品或者服务进行竞争的商品范围和地域范围。相关市场包括相关商品市场和相关地域市场。前者是指根据商品的特性、用途及价格等因素,由需求者认为具有较为紧密替代关系的一组或一类商品所构成的市场。这些商品表现出较强的竞争关系,在反垄断执法中可以作为经营者进行竞争的商品范围。后者是指需求者获取具有较为紧密替代关系的商品的地理区域。这些地域表现出较强的竞争关系,在反垄断执法中可以作为经营者进行竞争的地域范围。

界定相关市场的基本依据为替代性分析,即相关市场范围的大小主要取决于商品(地域)的可替代程度,具体标准则包括需求替代和供求替代。界定相关市场的方法不是唯一的,实践中可能会采取不同的方法进行,例如"假定垄断者测试"等,但无论采用何种方法,判断过程中"商品满足消费者需求"的基本属性都是对相关市场界定出现偏差时的校正依据,即进行替代性分析时,选择的可替代商品或可替代经营者应当能够满足相关产品或相关地域的消费者对并购完成后可提供的商品的同等需求。[①]

7. 审查流程

审查分为初步审查和进一步审查两个步骤。但在特殊情况下,可能会出现中止审查期限的情形。

(1)初步审查

根据《反垄断法》第 30 条的规定,国务院反垄断执法机构

---

① 参见朱宁主编:《跨境并购:合规管理·风险控制·融资安排》,中国法制出版社 2020 年版,第 184 页。

应当自收到经营者提交的符合本法第 28 条规定的文件、资料之日起 30 日内,对申报的经营者集中进行初步审查,作出是否实施进一步审查的决定,并书面通知经营者。国务院反垄断执法机构作出决定前,经营者不得实施集中。国务院反垄断执法机构作出不实施进一步审查的决定或者逾期未作出决定的,经营者可以实施集中。

(2)进一步审查

根据《反垄断法》第 31 条的规定,国务院反垄断执法机构决定实施进一步审查的,应当自决定之日起 90 日内审查完毕,作出是否禁止经营者集中的决定,并书面通知经营者。作出禁止经营者集中的决定,应当说明理由。审查期间,经营者不得实施集中。有下列情形之一的,国务院反垄断执法机构经书面通知经营者,可以延长前款规定的审查期限,但最长不得超过 60 日:①经营者同意延长审查期限的;②经营者提交的文件、资料不准确,需要进一步核实的;③经营者申报后有关情况发生重大变化的。国务院反垄断执法机构逾期未作出决定的,经营者可以实施集中。

(3)中止审查期限的情形

《反垄断法》第 32 条规定:"有下列情形之一的,国务院反垄断执法机构可以决定中止计算经营者集中的审查期限,并书面通知经营者:(一)经营者未按照规定提交文件、资料,导致审查工作无法进行;(二)出现对经营者集中审查具有重大影响的新情况、新事实,不经核实将导致审查工作无法进行;(三)需要对经营者集中附加的限制性条件进一步评估,且经营者提出中止请求。自中止计算审查期限的情形消除之日起,审查期限继续计算,国务院反垄断执法机构应当书面通知经营者。"因此,在特殊情况下,审查期限可能会无限期中止。

8. 违反经营者集中审查制度的法律后果

《反垄断法》第 58 条规定:"经营者违反本法规定实施集中,且具有或者可能具有排除、限制竞争效果的,由国务院反垄断执法机构责令停止实施集中、限期处分股份或者资产、限期转让营业以及采取其他必要措施恢复到集中前的状态,处上一年度销售额百分之十以下的罚款;不具有排除、限制竞争效果的,处五百万元以下的罚款。"第 63 条规定:"违反本法规定,情节特别严重、影响特别恶劣、造成特别严重后果的,国务院反垄断执法机构可以在本法第五十六条、第五十七条、第五十八条、第六十二条规定的罚款数额的二倍以上五倍以下确定具体罚款数额。"

(二)美国的反垄断审查制度

1. 美国反垄断法的二元监管模式

美国的反垄断监管由专门审查机构美国联邦贸易委员会和美国司法部反垄断局进行,包括交易前的强制申报和交易完成后的持续监管。[①] 司法部反垄断局和联邦贸易委员会均有权对其认为可能有重大反竞争影响的并购进行审查和调查,所有并购前调查涉及的文件资料均需向两个部门提交。这就产生了职能分工问题。为了避免重复调查,上述机构于 1948 年签订了一份正式联络协议,对双方在平行行使管理权力时可能产生的冲突创设了一个解决机制。反垄断机构一旦确定有理由在初步

---

① 朱宁主编:《跨境并购:合规管理·风险控制·融资安排》,中国法制出版社 2020 年版,第 185 页。

审查后进行调查,可自行决定由最具专业能力的机构进行调查。①

2. 强制申报程序

(1)强制申报门槛

判断并购交易是否需要申报除考虑并购交易的"交易规模"以外,还需要结合并购交易当事人的"企业规模"进行判断。值得关注的是,"交易规模"和"企业规模"的数值每年都会进行一次调整。②

根据2023年度现行强制申报门槛③,并购交易达到以下标准时,并购交易当事人应当进行强制申报:

①本次并购交易完成时,无论收购方或并购方的销售额或总资产为多少,收购方将累计持有的被收购方投票权证券、非公司权益和/或资产总额价值大于或等于4.455亿美元的。

②本次并购交易完成时,收购方将累计持有的被收购方投票权证券、非公司权益和/或资产总额价值大于或等于1.114亿美元但小于4.455亿美元时,以下情形同时存在的:

a. 一方的销售额或资产价值大于或等于2.23亿美元;

b. 另一方的销售额或资产价值大于或等于2227万美元。

---

① 参见王立新:《美国对企业并购的反垄断审查》,载 https://mp.weixin.qq.com/s?src=3&timestamp=1688482826&ver=1&signature=VVTbk4XBtO2fxh2aO6EM-T96RvS5ohGM2OX26OvpxsStTaq179 * JMez5Z233QB3DxFqEsOKeDvEzrbQSU54CMZiVAr3QEHllPf3qoRHN * f7O8ZujO9waF1yg1ZuWJdQGzrWgVjSviQk7XfMG-2XREXWrd7--Yh4k7eyjR91AnRg=,访问日期:2023年7月5日。

② 参见朱宁主编:《跨境并购:合规管理·风险控制·融资安排》,中国法制出版社2020年版,第187页。

③ Revised Jurisdictional Thresholds for Section 7A of the Clayton Act, Federal Trade Commission, Federal Register, January 26, 2023.

（2）强制申报流程

强制申报流程主要分为两个阶段。第一个阶段的审查时间最长为30天（现金收购要约或者企业破产为15天）。在该时间期满前，交易方不得完成并购交易。在该阶段，联邦贸易委员会和司法部反垄断局将对交易方递交的文件进行审阅。如果该并购交易所涉及竞争的问题未能在第一个阶段予以解决，反垄断机构则有权要求并购各方递交进一步的信息和文件资料，即申报进行第二个阶段。第二个阶段的审查时间最长为30天（现金收购要约或者企业破产为10天）。在第二个阶段的审查期届满后，除非反垄断机构获得法院发出的交易禁止令，交易方可自由完成交易。①

（3）强制申报结果

并购交易经过一系列的程序予以审查后，联邦贸易委员会或司法部反垄断局将对并购交易是否构成垄断予以审查判断，并给出强制申报的结果。主要包括以下几种情形：第一，不采取进一步行动。如果联邦贸易委员会或司法部反垄断局认为没有任何理由判定本次并购交易构成垄断的，则不会采取进一步行动，交易双方可以继续进行交易并完成交割。第二，寻求强制救济。如果联邦贸易委员会或司法部反垄断局认为该交易可能存在垄断，则将向美国州法院提起诉讼要求终止本次交易。如果该决定是由联邦贸易委员会作出，同时联邦贸易委员会采

---

① 参见王立新：《美国对企业并购的反垄断审查》，载 https://mp.weixin.qq.com/s?src=3&timestamp=1688482826&ver=1&signature=VVTbk4XBtO2fxh2aO6EM-T96RvS5ohGM2OX26OvpxsStTaq179*JMez5Z233QB3DxFqEsOKeDvEzrbQSU54CMZiVAr3QEHllPf3qoRHN*f7O8ZujO9waF1yg1ZuWJdQGzrWgVjSviQk7XfMG-2XREXWrd7--Yh4k7eyjR91AnRg=，访问日期：2023年7月5日。

取了临时限制令或预先禁令的,则联邦贸易委员会应当在临时限制令或预先禁令发出的 20 日内向有管辖权的法院提起行政诉讼。第三,和解。如果联邦贸易委员会或司法部反垄断局认为该交易可能存在垄断的,可以在合适情形下与交易双方签署和解协议,约定业务或资产剥离等和解手段。和解协议达成后,并不直接生效,还需要向公众公示。接受公众的审查无异议后,该和解协议方能生效。并购交易双方应当按照和解协议的约定,开展并购。①

3. 审查标准

美国的反垄断标准是基于《克莱顿法》第 7 条的规定,主要是分析并购交易是否可能产生"实质性地减少竞争,或者导致垄断"的效果。

可能产生前述效果的行为可以被划分为三类:横向合并、纵向合并和潜在竞争合并。所谓横向合并,是指两个竞争者之间进行的合并,通过两种方式削弱竞争,损害消费者权益:一是建立或加强合并后市场剩余企业可以在某些竞争领域以相互协调方式行动的能力(即相互协调性行为);二是允许被合并企业抬升对自己有利的价格(即单边效应)。所谓纵向合并,是指发生在存在买卖关系的企业之间的并购,例如生产商并购其成品经销商。纵向合并可以大幅度降低成本并且提高生产或经销的相互协调性,但某些纵向合并可能会导致竞争问题,将导致相关市场竞争者获取产品重要元件或重要经销渠道的困难。所谓潜在竞争合并,是指

---

① 参见朱宁主编:《跨境并购:合规管理·风险控制·融资安排》,中国法制出版社 2020 年版,第 189—190 页。

相关市场的竞争者对计划加入该市场并参与竞争的企业的并购。潜在竞争并购之所以会对竞争造成损害,是由于该类型的并购一方面阻止了新加入企业带来的真实竞争,另一方面将消除通过外来企业加入可能给市场带来的促进竞争的效果。①

(三)欧盟的反垄断审查制度

1. 反垄断审查体系

欧盟范围内的反垄断审查为两级并购控制制度。一为欧盟层面,由欧盟委员会竞争总司根据《欧盟合并条例》及相关规定,对欧盟范围内达到欧盟委员会管辖起点的并购案件予以管辖;二为欧盟成员国层面,对于未达到欧盟委员会管辖起点的并购案件则按照欧盟各成员国自己的反垄断法规予以控制。值得关注的是,《欧盟合并条例》是一种"一站式"法律运行体系,即一旦某项并购交易属于欧盟委员会竞争总司管辖范围,那么欧盟各成员国的并购控制机构则不再有管辖权,欧盟层面对该项并购交易作出的决定将在欧盟范围内所有成员国适用;而欧盟委员会与各成员国之间建立了并购案件移转程序,如欧盟委员会接收的并购交易案件未达到欧盟委员会管辖起点,则由欧盟委员会直接将该并购案件转交给相应成员国并购控制机构。欧盟委员会竞争总司作为欧盟层面并购控制唯一机构,对某些并购交易在交易前进行预先审核,即预先申报制度(Merger Control Procedures)。②

---

① 参见朱宁主编:《跨境并购:合规管理·风险控制·融资安排》,中国法制出版社2020年版,第191—193页。

② 参见朱宁主编:《跨境并购:合规管理·风险控制·融资安排》,中国法制出版社2020年版,第194—195页。

2. 预先申报制度

(1) 申报的强制性

根据《欧盟合并条例》第 4 条第 1 款的规定，只要并购交易符合《欧盟合并条例》规定的申报标准，参与交易的经营者就应当向欧盟委员会申报。申报是强制性的，而非自愿性的。

(2) 申报标准

反垄断的申报前提是交易触发了欧盟的申报标准。根据《欧盟合并条例》第 1 条的规定，只要并购交易满足以下标准之一，就应当进行预先申报：

标准一：参与交易的所有经营者在全球范围内营业额总和达到 50 亿欧元，且在欧盟境内至少两个参与交易的经营者的营业额都各自达到 2.5 亿欧元。

标准二：(a) 参与交易的经营者在全球范围内营业额总和达到 25 亿欧元，且 (b) 至少在三个成员国范围内，参与交易的经营者营业额总和达到 1 亿欧元，且 (c) 至少交易中的两个经营者的营业额总和在符合前述 (b) 条件的三个成员国内分别都超过 2500 万欧元，且 (d) 在欧盟境内至少两个参与交易的经营者的营业额各自达到 1 亿欧元。

例外：如果所有参与集中经营者各自在欧盟境内的营业额的 2/3 都是在同一个成员国境内取得的，则即使该交易满足了上述标准，也不需要向欧盟委员会竞争总司申报。

需要注意的是，欧盟委员会竞争总司审核的跨境并购交易并不仅限于交易某一方为欧盟内企业的情形，当交易任意一方国籍都与欧盟无关但其在欧盟范围内营业且营业额达到上述标准的，欧盟委员会竞争总司对该并购交易即具有管辖权，该并购交易应当提交欧盟委员会竞争总司预先进行反垄断审核。①

（3）申报程序

①申报前咨询

虽然参与并购交易的经营者并没有法定义务在申报前向欧盟委员会咨询，但这一咨询在实践中广泛存在，并且已经成为申报程序的重要部分。这一咨询对于欧盟委员会和交易的当事人都有很多好处。譬如，通过预先将申报的草稿交给欧盟委员会，当事人可以降低之后提交的申报材料在正式审查程序中被欧盟委员会认为不完整的风险。

由于申报前咨询并不是一个法定的程序，对于该咨询的完成时间并没有任何限制。根据并购交易的复杂性，咨询可能会持续一两周，或者持续几个月（在极端的情况下，甚至可能持续一年以上）。

②正式审查

预先申报审查分为两个审查阶段：第一阶段和第二阶段。超过90%的并购交易在第一阶段即可完成审查，并且一般都无须采取救济措施。

一旦欧盟委员会收到其认为完整的申报材料，第一阶段就会开始。如果欧盟委员会认为申报材料不完整，其将要求交易当事人补充材料。第一阶段审查持续25个工作日，欧盟委员会在接收申报后的25个工作日内对并购交易进行审查。欧盟委员会在审查过程中会与交易各方保持联系。欧盟委员会也会联系相关的第三人（如顾客、竞争者），询问他们关于本次交易的

---

① 参见朱宁主编：《跨境并购：合规管理·风险控制·融资安排》，中国法制出版社2020年版，第196—197页。

观点,并且会要求第三人完成关于相关市场的调查问卷。在第一阶段审查后期,欧盟委员会会召开"进展情况汇报会",在该会议中向交易各方通报第一阶段审查结果。如果存在竞争问题,交易各方可以就此提交救济措施。交易各方提交救济措施的,第一阶段审查将延期 10 个工作日,以便欧盟委员会对救济措施的可行性、合理性和可适用性进行审查。待第一阶段审查全部完成后,如果欧盟委员会认为并购交易不存在严重阻碍市场竞争的情形,或者救济措施足以消除严重阻碍的,欧盟委员会可以宣布该并购交易无条件通过或有条件通过;如果欧盟委员会认为该并购交易可能引起竞争问题的,那么将展开第二阶段审查。①

第二阶段审查持续 90 个工作日,欧盟委员会在这一期间将对并购交易的竞争影响予以深入分析,通过交易各方内部资料、大量经济数据、对市场参与者更细致的问卷调查乃至现场调查等多种方式开展审查。欧盟委员会完成市场调查后,如果认为该并购交易将损害竞争,欧盟委员会将向交易各方发送《异议声明》,告知欧盟委员会的初步结论。交易各方收到《异议声明》后有权在一定时间内书面回复,并要求竞争听证机构举行口头听证会。②

根据《欧盟合并条例》第 10 条第 3 款的规定,如果参与交易的经营者在第二阶段开始的 55 个工作日之后提出了救济措

---

① 参见朱宁主编:《跨境并购:合规管理·风险控制·融资安排》,中国法制出版社 2020 年版,第 198—199 页。

② 参见朱宁主编:《跨境并购:合规管理·风险控制·融资安排》,中国法制出版社 2020 年版,第 199 页。

施,第二阶段的审查时间将增加 15 个工作日;如果参与交易的经营者在第二阶段开始后的 15 个工作日内提出了延期请求,第二阶段的审查时间将延长,但延长的时间不会超过 20 个工作日。

(4)申报结果

欧盟委员会根据审查的情况作出以下决定:无条件同意并购交易的开展;有条件同意并购交易的开展(即在交易方采取救济措施的前提下同意并购交易的开展);禁止并购交易的开展。

(5)救济措施

无论是第一阶段审查,还是第二阶段审查,审查机构预先告知并购交易构成竞争阻碍的,并购交易方都可以针对该竞争阻碍提出救济措施即承诺(Commitments),对并购交易作出相应修改以保证交易完成后市场竞争的持续性。

救济措施主要可以分为结构性救济措施和行为性救济措施。结构性救济措施,是指可以影响市场结构的救济方式,主要是指剥离参与合并的经营者的部分业务、部分资产,或者要求其转让部分股权。有时候也将这种救济措施直接称为"资产剥离"或"剥离承诺",主要是通过剥离合并经营者的业务或资产,出售给第三人,促使第三人通过获得剥离资产或剥离业务后形成一个具有竞争力的新的竞争主体,可以与合并之后的经营者形成新的竞争格局,消除或减轻合并后的经营者排除、限制竞争所带来的后果。

行为性救济措施,是指规制经营者的竞争行为来达到对竞争的救济,通常是要求合并后不得采取滥用市场优势地位或者其他破坏市场竞争秩序的行为,力图将合并对竞争的不利影响限制到最小。其主要有防火墙条款、公平交易条款、透明度条款及其他类型的行为性条款。有时候剥离资产是不可能的，或者对竞争的救济不宜采取剥离措施，又或者相关市场没有适合的买方时，即需要采取行为性救济措施。

在欧盟委员会的审查过程中，其明显偏向于接受结构性救济措施，只有在极少数情形下才愿意接受行为性救济措施。

3. 审查标准

《欧盟合并条例》确认的"严重阻碍有效竞争"标准，是现在欧盟并购审查制度的核心原则。根据《欧盟合并条例》第2条的规定，欧盟委员会是否批准并购交易，决定性因素在于该合并是否与共同体市场相协调。如果一个并购交易可能产生或加强市场支配地位，从而使共同体市场的全部或者一个重大部分的有效竞争受到阻碍，该合并将被视为与共同体市场不协调，即"严重阻碍有效竞争"。

要认定一个并购交易是否与共同体市场协调，首先要界定与并购交易相关的市场，然后进一步评估并购交易可能产生的相关市场上企业的相互串谋等反竞争效果，最后分析是否有抵消反竞争效应的因素。

(1) 界定相关市场

相关市场，包括相关产品市场和相关地域市场，《关于为欧洲共同体竞争法界定相关市场的委员会通知》对二者分别进行了定义。相关产品市场界定的核心在于产品的互换性和替代性，相关产品包括因产品的价格、属性、用途、消费者需求、供应等多种因素而被消费者认为是与涉案产品具有可替代性或可交换性的产品。相关地域市场的界定强调地区市场间竞争条件的实质相同,相关地域市场应当是被审查的并购交易所涉及的供给、产品或服务的需求所处的竞争条件实质相同的地区,通常需要考虑行业的性质、销售渠道、运输条件、购买距离和时间等。①

(2)评估反竞争效果

对于并购交易完成后的反竞争影响,欧盟同样重点考察市场份额和市场集中度,从而分析企业的市场力量。但与其他国家不同的是,欧盟还进一步考察并购交易完成后的市场整体效果,即是否会对有效竞争产生实质阻碍,给其他竞争者带来损害。欧盟把可能产生的反竞争效果分为单边效应和协调影响。其中单边效应是指并购完成后的企业将拥有市场支配力量,从而可以利用支配地位采取价格提升、产量压缩等行为排除其他竞争者;协调影响是指尽管并购完成后的企业不会构成垄断,但由于并购直接减少了竞争者的数量,市场上的剩余企业则可能通过相互协调共谋共同支配市场,从而保持市场内产品价格居高不下、供给不协调,并且排除新企业的进入。②

(3)分析抵消反竞争效应的因素

在调查中,欧盟委员会还将对并购交易完成后可能产生的效率影响进行分析,如果交易对消费者产生的效率优化可以有效抵消并购的负面影响,那么该并购交易也将被允许,但这一效率优化应当是可证实的、仅可通过并购达成的、消费者能实际享

---

① 参见朱宁主编:《跨境并购:合规管理·风险控制·融资安排》,中国法制出版社2020年版,第200—201页。

② 参见朱宁主编:《跨境并购:合规管理·风险控制·融资安排》,中国法制出版社2020年版,第201页。

受到的。但在实践中,效率优化的举证责任是很重的。即使欧盟委员会承认效率优化的可能性,其通常也会认为这种效率优化并不能有效抵消并购所带来的潜在负面影响。

4. 罚款

根据《欧盟合并条例》第 14 条的规定,欧盟委员会有权对违反条例的经营者施加罚款。

(1)欧盟委员会可以对因故意或过失实施下列行为的经营者施加罚款,罚款金额不超过该经营者在全球范围内营业额的 1%:在其主动申报或提交其他材料时,或者在欧盟委员会主动要求其提供信息的情况下,该经营者提供了不正确的或者具有误导性的信息。

(2)欧盟委员会可以对因故意或过失实施下列行为的经营者施加罚款,罚款金额不超过该经营者在全球范围内营业额的 10%:未能在交易完成之前对须申报的并购交易进行申报;对于被欧盟委员会确定与共同体市场不相协调的并购交易,仍完成了该交易;对于欧盟委员会附条件(救济措施)同意开展的并购交易,未能遵守该条件。

二、国家安全审查

(一) 概述

跨境并购如果涉及敏感行业,还可能需要进行国家安全审查。国家安全审查制度是指国家为了对外国资本进行有效监督管理,由执法机关根据一定标准和程序对跨境并购中可能影响国家安全的因素进行考察,从而决定是否允许外资进入的制度。国家安全是从国家生存和发展的角度来审视它面对的现实威胁和可预见的挑战,这一概念强调国家安全利益不受损害,也与一国贸易保护等政策相关。①

(二)国家安全审查制度与反垄断审查制度的关系

国家安全审查制度与反垄断审查制度同样都是一国政府对跨境并购实施的监管制度,理解两者之间的关系对于充分了解政府的相关监管制度具有重要意义。

1. 国家安全审查制度和反垄断审查制度的相似之处

第一,规范对象相同。无论是外资并购国家安全审查制度还是反垄断审查制度,都是针对境内投资者经营权和控制权向外资主体转移的产权交易行为进行的审查和限制。②

第二,启动机制相同。各国对外资并购的审查(包括国家安全审查和反垄断审查)均存在依申报审查和主动审查两种机制,均强调事前审查和事后审查两个方面。事前审查是指在外资并购行为发生前对其审查;事后审查是指并购完成后对并购企业进行的持续性监测审查。事前审查规制的结果是禁止或许可外资并购行为的发生,而事后审查规制的结果则是消除外资并购企业对国家安全或市场竞争造成的影响。无论是事前审查还是事后审查都存在依企业申报启动和主动启动两种模式,都

---

① 参见任谷龙、韩利杰:《海外投资并购法律实务:操作细节与风险防范》,中国法制出版社 2017 年版,第 227—228 页。
② 参见刘民:《论外资并购安全审查制度的独立性》,载《社会科学战线》2008 年第 5 期,第 57 页。

以企业申报启动为主,辅以主动启动。对两种审查制度而言,企业申报启动模式有利于减少并购当事人以及行政机关的负担,降低社会成本,具有积极性和法律稳定性。主动启动模式是指在企业没有申报时以及并购完成后发生限制竞争或影响国家经济安全、国家安全的情形下,行政机关主动介入。这种介入具有补救性和持续性的特点,是由政府经济管理职能决定的。①

2. 国家安全审查制度和反垄断审查制度的差异之处

第一,立法目的不同。反垄断审查关注的是并购活动对相关市场竞争状态的影响。与之不同,国家安全审查更多关注的则是国家的经济安全、产业安全和国防安全。

第二,审查机构不同。反垄断审查多由独立规制机关主导。独立规制机关多采取委员会制,技术性和专业性是委员选任的重要标准,委员会决策采取集体决议的合议制,决议的作出有赖于委员间的磋商而非简单的命令与服从。与之不同,国家安全审查程序是"政治家"而非"技术专家"的管辖范围,审查主体虽然有赖于各专业部门,但最终决定权很大程度上系于高级政治官员甚至行政首脑。②

第三,审查内容不同。关于外资并购安全审查的内容,各国不一,但主要有以下四个方面:是否直接涉及国防安全或与国防需要的国内产能和设施相关;是否对本国经济安全和产业安全

---

① 参见刘民:《论外资并购安全审查制度的独立性》,载《社会科学战线》2008年第5期,第57—58页。

② 参见张心颜:《"规则"与"权力"的分界:外资反垄断审查与国家安全审查的差异与分层》,载 https://mp.weixin.qq.com/s/TVuyr0teS66rivRKY08tCg,访问日期:2023年3月27日。

造成实质性影响或者可能造成实质性影响;是否造成本国重要领域重大的研究开发、技术创新成果的流失;是否削弱本国行业的技术开发、自主创新能力或影响本国企业拥有核心技术的知识产权和知名品牌。而外资并购反垄断审查的内容,概括地说,就是是否会对其他企业在市场中的竞争自由形成限制。具体来说有两方面:一是在市场结构上,是否形成了垄断状态,即结构审查;二是是否存在滥用市场支配地位行为,即行为审查。[①]

(三)美国的外商投资国家安全审查制度

由于美国是我国跨境并购的主要国家之一,本部分将对美国近期对于国家安全审查制度的一次革新进行介绍,即介绍《2018年外国投资风险评估现代化法案》(FIRRMA)及其实施细则的相关内容,以期帮助境内投资者更好地应对美国的外商投资国家安全审查。

2018年8月13日,美国总统特朗普签署FIRRMA,试图通过更加严厉的安全审查制度来进一步限制中国资本进入美国。2020年1月13日,美国财政部发布《关于外国人在美国进行特定投资的规定》及《关于外国人在美国进行有关不动产特定交易的规定》。上述两个规定是有关FIRRMA的实施细则,自2020年2月13日起正式生效。

1. FIRRMA及其实施细则(以下简称"FIRRMA法案")的主要内容

FIRRMA法案在原有的国家安全审查制度的基础上,在以

---

① 参见刘民:《论外资并购安全审查制度的独立性》,载《社会科学战线》2008年第5期,第59页。

下几个方面进行了调整：

（1）扩大了美国外国投资委员会（CFIUS）的管辖范围

①增加对非控股投资交易的管辖

过去，受 CFIUS 管辖的交易，从本质来看应是外国投资者通过交易形成对美国企业控制的交易。但美国政府发现，仅对控股投资交易进行管辖，不足以涵盖所有可能产生国家安全威胁的行为，尤其对于一些关键基础设施、关键技术的单独收购，尽管没有形成控股，仍然有可能间接对国家安全造成威胁，例如 CFIUS 就曾多次试图禁止华为对于美国一些技术或知识产权资产的收购，典型如华为收购三叶系统公司的知识产权资产交易，就因美国担心先进计算技术转移到中国而被阻止。同样，在经济进入大数据时代的背景下，数据安全也成为美国政府关注的重点，美国政府就曾在 2018 年 2 月驳回了中国蓝色光标公司全资子公司香港蓝标合并美国纳斯达克上市公司 Cogint, Inc. 旗下部分资产并持有其 63% 股权的交易，原因在于，Cogint, Inc. 为一家数字营销服务公司，持有美国大量消费者数据。尽管标的额不大，但是该交易一旦完成，则极有可能使得境内投资者取得美国大量的消费者数据从而影响到美国公民数据安全。另外，也是由于境内投资者自 2015 年以来不断增长的对外投资，对新兴技术及数据产业的投入以及技术的不断进步，给美国政府带来了压力，因此，FIRRMA 法案将管辖范围扩大到非控股投资之中。①

凡符合下述两个要件的交易，即使外国投资者不能获得对

---

① 参见朱宁主编：《跨境并购：合规管理・风险控制・融资安排》，中国法制出版社 2020 年版，第 211 页。

美国企业的控制权,也属于CFIUS的审查范围:

第一,就投资对象而言,CFIUS审查的是针对"敏感行业美国企业"(TID U.S. Business,以下简称"TID美国企业")的直接或间接投资,且外国投资人与这些美国企业不存在关联关系。"TID美国企业"是指:从事"关键技术"生产、设计、测试、制造、组装、研发的美国企业,掌握"关键基础设施"的美国企业和直接或间接收集或持有美国居民"敏感个人数据"的美国企业。

具体而言,"关键技术"包括:《美国防务目录》(United States Munitions List)项下的国防相关物项或服务、《贸易控制清单》(Commerce Control List)项下因国家安全、防止生化武器扩散、防止核武器扩散、导弹技术、区域稳定、监听技术等原因受到管制的物项、某些核设施与核材料以及某些制剂与毒素,及《2018年出口管制改革法案》(Export Control Reform Act of 2018)所涉及的新兴和基础技术。"关键基础设施"是指对美国至关重要的物理或虚拟的系统或资产,此类系统或资产的失效或破坏将对国家安全造成不利影响。其主要包括电信、医疗、市政工程、交通、金融服务及为美国政府提供服务等领域的基础设施。"敏感个人数据"包括财务数据、地理位置数据、健康和遗传测试数据等健康和基因测试数据等。[①]

事实上,一直以来,CFIUS都对关键技术和关键基础设施极为关注,本次修改是对这两部分的进一步明确和授权。而"敏感个人数据"则是近年来CFIUS新的关注点所在,尤其是针对

[①] 参见朱宁主编:《跨境并购:合规管理·风险控制·融资安排》,中国法制出版社2020年版,第212—213页。

境内投资者的行为,FIRRMA 法案出台后,CFIUS 据此已经展开了多起对境内投资者在美并购交易的审查。CFIUS 甚至对 FIRRMA 法案颁布前的案件予以追溯,即使境内投资者已明确表示不会接触"敏感个人数据",同时提出了隔离"敏感个人数据"的方案及相关措施,例如进一步限制对客户数据的访问、任命独立监督员来确认措施实施等,但美国政府仍然拒绝了这些措施,并对交易予以了禁止。可以看到,美国政府当前对于涉及"敏感个人数据"的交易极为关注和慎重,境内投资者考虑在美投资类似领域的企业时,一方面要注意关注是否触及 CFIUS 的管辖范围,另一方面仍需要多方考察美国的审查趋势,在趋严的背景下应当更为慎重地判断拟开展交易的情形,以应对 CFIUS 管辖进一步扩大的审查趋势。①

第二,就交易后果而言,非控制权交易赋予外国投资者特定的实质性权利,具体包括以下三种权利:能够获取美国企业拥有的重大非公开技术信息;在董事会或类似机构中拥有席位或担任观察员,或拥有提名权;通过非投票权的其他方式参与美国企业的涉及关键技术、关键基础设施或美国公民敏感个人数据的实质性决策。

②增加对房地产交易的管辖

FIRRMA 法案首次将房地产交易明确纳入 CFIUS 的管辖范围,授权 CFIUS 审查外国企业购买或租赁美国不动产或获得特许经营权的行为,同时给出了美国军事设施与美国政府的敏感设施、财产、相关地理区域的名称和地理位置。在 FIRRMA

---

① 参见朱宁主编:《跨境并购:合规管理·风险控制·融资安排》,中国法制出版社 2020 年版,第 213—214 页。

法案出台前，CFIUS 就已经对一些涉及房地产的交易进行审查，例如迪拜港口世界公司收购半岛东方蒸汽航运公司的 6 个美国港口案和三一重工关联公司 Ralls 收购俄勒冈州发电厂项目等，均因被收购资产为美国敏感设施或靠近军事设施可能对国家安全造成影响而被否决。FIRRMA 法案明确，将在机场或海港、位于机场或海港范围内或即将用作机场或海港的不动产，或位于军事设施一定距离内的房地产交易，均纳入审查范围，借此保护外国企业不会通过取得关键地区周边的房地产或其特许经营权而对该关键地区形成控制。①

（2）对特定交易实行强制申报

交易申报，是指由交易参与方向 CFIUS 提交的包含交易参与方及交易所涉的美国企业简介、交易安排简述、交易所涉敏感因素说明等在内的一系列书面材料。根据 FIRRMA 法案，当交易符合一定的特征时，交易参与方必须履行强制申报义务。

下列两种类型交易的参与方均负有强制申报义务：

第一，涉及 27 个敏感行业的关键技术的投资。这 27 个敏感行业包括计算机存储设备制造、半导体及相关设备制造、半导体机械制造、电子计算机制造等，每个行业有明确对应的北美行业分类系统（North American Industry Classification System, NAICS）代码。

第二，某些外国投资者对 TID 美国企业进行投资，获得"实质性利益"，且外国政府对该外国投资者持有"实质性利益"的交易。"实质性利益"的概念被明确定义为外国投资者直接或

---

① 参见朱宁主编：《跨境并购：合规管理·风险控制·融资安排》，中国法制出版社 2020 年版，第 214 页。

间接在一家美国企业中持有 25% 或以上的投票权益,并且外国政府持有该外国投资者至少 49% 的投票权益。

(3)提出了针对境内投资者的内容

针对中国提交的年度投资报告,FIRRMA 法案也作了新的明确规定。法案要求,中国商务部部长应向美国国会和 CFIUS 每两年提交一份中国对美国实体的外国直接投资交易报告,于法案颁布之日起两年后执行,直至 2026 年。法案要求提交的报告应包括以下几方面的内容:第一,中国向美国外商直接投资总额,需按最终权益所有者进行分类。第二,需按两位数的北美行业分类系统代码进行分类。第三,需按投资类型进行细分,包括企业建立和企业并购等。第四,需按政府与非政府投资分类,包括规模、领域和投资类型等。第五,细分中国对美国的投资价值,包括低于 5000 万美元、5000 万~1 亿美元、1 亿~10 亿美元、10 亿~20 亿美元、20 亿~50 亿美元、大于等于 50 亿美元六个档别。第六,需要包含通过中国政府投资购买的在美国注册的公司名单。第七,中国管辖实体的美国子公司数量,关联公司的员工总数,以及该实体任何公开交易的美国子公司的估值。第八,投资模式的分析,包括数量、类型和部门,以及这些投资模式与"中国制造 2025"计划中概述目标的一致程度,还包括对中国在美国投资和在美国的所有外国直接投资的比较分析。第九,对从中国收集关于美国境外投资合理合法的综合信息的能力限制进行定义,确定商务部完成两年一度报告所需的时间表,包括:确定中国在美国的政府和私营部门投资估计数之间的差异;清晰描述可能导致估计偏差的不同的方法论和数据搜集方法,以及中国商务部需要加强和改进外国投资信息数据收集能力的建议。如果中国商务部无法按要求完成两年报告,需提交要求额外延长截止日期的报告。①

2. FIRRMA法案的颁布对境内投资者赴美并购的影响

(1)美国市场对中国跨境并购的准入限制将会明显加强。随着CFIUS监管权的扩大,美国政府在中国对美跨境并购方面的立场将变得更加强硬。在美国将中国视为最重要潜在战略竞争对手的前提下,美国政府可能会以国家安全和经济安全为借口,在特定时间内,或针对特定行业,或针对特定类型投资者,限制境内投资者对美跨境并购。

(2)美国外国投资委员会在对境内投资者并购审查中可能会借用美国出口管制部门的办法。美国《出口管制法》中尽管没有针对外国资本在美国并购行为作出规定,但因为出口管制措施的存在,同样对外资在美投资并购作出了种种限制。相较而言,《出口管制法》中的管制措施要比FIRRMA法案中的限制措施更为严格。美国外国投资委员会针对境内投资者在美并购行为可能会借用出口管制部门的出口管制措施。

美国出口管制部门将伊朗、朝鲜、叙利亚等国家列入出口管制黑名单,世界上任何企业与这些国家进行敏感技术、军事供给等业务均属违法行为,美国政府可以对此采取制裁措施。尽管外国投资委员会不会将黑名单制度实施于境内投资者,但FIR-

---

① 参见《美国〈外国投资风险评估现代化法案2018〉影响研究》,载 https://mp.weixin.qq.com/s?src=11&timestamp=1688448345&ver=4629&signature=xXfb9r9**4z8AjAid9KOWI3XFpV5yRDA66TFeYv5cL4jYD09-KyZanOrmsEpjLJySrrU-rUn6tkdvtZm5qBB4rBr9RbeLrMNsDzyMFX4GT98X-WMBDPb6sdx37XcKQ-I1&new=1,访问日期:2023年7月4日。

RMA 法案已经将中国列为"特别关注国家"行列。按照 FIR-RMA 法案最新修订规定来看,如果外国投资企业在并购中不主动向外国投资委员会提交申请,将会面临罚款。虽然罚款金额不如《出口管制法》中的金额大,但这同样会加大中资企业的跨境并购成本。

3. 应对美国并购安全审查的对策

(1)建议我国政府加强与美国政府之间的沟通。如今境内投资者在美国投资并购所遇到的情形,与 20 世纪 80 年代日本企业遇到的情况如出一辙。当时日本企业也是大量进入美国,进行大规模的投资并购,引起了美国政府的注意,使美国政府加大了对日本企业投资并购的审查力度。但日本政府积极与美国政府沟通,努力促进双方签订投资对等开放协议,同时日本企业与美国当地企业开展深度合作,大力提升美国中间产品、服务贸易等出口力度,进而使得美国政府认为日本企业投资并不危及其国家安全。① 基于此,境内投资者可以建议我国政府加强政府之间的沟通,签订双边投资对等协议,减少美国政府的顾虑,以实现双赢结果。

(2)在投资并购中积极主动申报和沟通。在美国贸易保护主义和单边主义甚嚣尘上的背景下,美国政府对于境内投资者在美的投资并购审查只会日渐严厉。但也应看到美国政府对投资并购的安全审查具有较大的自由裁量空间,这也给境内投资者应对安全审查提供了机会。因此,境内投资者在投资并购过

---

① 参见滕涛、徐雪峰:《美国对中国企业在美并购安全审查的现状、趋势以及应对之策——兼论美国投资安全审查机制的新进展》,载《对外经贸实务》2019 年第 9 期,第 44 页。

程中要主动申报和沟通,主动提交并购信息,努力证明投资并购只是为了开拓市场,通过自身投资并购行为带动美国当地经济发展和就业岗位增加,进而消除美国政府对于国家安全的顾虑。[1]

(3)要做好本土化经营规划,做好投资并购公关工作。美国并不排斥外资进入,特别是美国各州政府对于外资进入是十分欢迎的。境内投资者应该抓住这个机会,在投资并购之前做好本土化规划,取得美国地方政府的信任。同时在投资并购中要积极游说议员,积极与国会沟通,并公开投资并购信息,以透明化方式获得社会大众的认可。比如中海油在2016年并购尼克森公司时,就总结了之前并购优尼科失败的教训,取得了国会和大众的信任,进而并购成功。[2]

---

[1] 参见滕涛、徐雪峰:《美国对中国企业在美并购安全审查的现状、趋势以及应对之策——兼论美国投资安全审查机制的新进展》,载《对外经贸实务》2019年第9期,第44页。

[2] 参见滕涛、徐雪峰:《美国对中国企业在美并购安全审查的现状、趋势以及应对之策——兼论美国投资安全审查机制的新进展》,载《对外经贸实务》2019年第9期,第44页。